스스로 행동하는 힘을 키우는 방법 1

☞ 자세한 내용은 64쪽

스스로 행동하는 힘을 키우는 방법 2

☞ 자세한 내용은 64쪽

즐겁게 식사 예절을 가르치는 방법	스스로 정리하는 힘을 키우는 방법
	 물건에는 장소가 있다.
 이건 숟가락. 떨어뜨리면 안 돼.	 놀이가 끝났으면 치운다.
	 치운 뒤 다음 장난감을 꺼낸다.
 공은 마음껏 떨어뜨려.	 '정리하는 힘'
☞ 자세한 내용은 114쪽	☞ 자세한 내용은 134쪽

집중하는 힘을 키우는 방법

☞ 자세한 내용은 153쪽

자기 생각을 말로 전하는 힘을 키우는 방법

☞ 자세한 내용은 168쪽

0~6세, 몬테소리 믿음 육아

"너를 믿어, 너라면 괜찮아"

MONTESSORI KYOIKU GA OSHIETEKURETA "SHINJIRU" KOSODATE
by Montessori Kyoushi Akie
Copyright © Montessori Kyoushi Akie, 2021
All rights reserved.
Original Japanese edition published by Subarusya Corporation

Korean translation copyright © 2021 by Landingbooks (Pureunhangbok)
This Korean edition published by arragement with Subarusya Corporation, Tokyo,
through HonnoKizuna, Inc., Tokyo, and BC Agency

이 책의 한국어판 저작권은 BC에이전시를 통해 저작권자와 독점계약을 맺은 푸른행복에 있습니다.
저작권법에 의해 한국 내에서 보호를 받는 저작물이므로 무단전재와 복제를 금합니다.

0~6세, 몬테소리 믿음 육아
너를 믿어, 너라면 괜찮아

초판인쇄 | 2021년 12월 15일
초판발행 | 2021년 12월 24일

지 은 이 | 몬테소리 교사 아키에
옮 긴 이 | 박재현
펴 낸 이 | 고명흠
펴 낸 곳 | 랜딩북스

출판등록 | 2019년 5월 21일 제2019-000050호
주　　소 | 서울시 서대문구 세검정로1길 93, 벽산아파트 상가 A동 304호
전　　화 | (02)356-8402 / FAX (02)356-8404
E-MAIL | landingbooks@daum.net

ISBN 979-11-91895-18-6 (13590)

※ 이 책의 내용을 저작권자의 허락없이 복제, 복사, 인용, 무단전재하는 행위는 법으로 금지되어 있습니다.
※ 잘못된 책은 바꾸어 드리겠습니다.

0~6세, 몬테소리 믿음 육아

"너를 믿어, 너라면 괜찮아"

몬테소리 교사 아키에 지음

박재현 옮김

# 들어가는 글

아이를 낳고 육아가 시작되면 꼬리에 꼬리를 물고 새로운 고민이 끊임없이 이어집니다.

'이럴 땐 어쩌면 좋지?', '이래야 하나, 저래야 하나?' 주저하고 고민하는 날들을 보내게 되는 거지요.

'아이가 잘 자랄 수 있게 곁에서 힘이 되고 싶은데, 나는 어떻게 하면 좋을까?'

'아이에게 어떤 식으로 말하면 좋을까?'

이런 고민을 해 본 적 없나요?

여러분은 당연한 일처럼 아이를 키우고 돌보고 있지만, 사실 육아는 만만찮은 일입니다. '생명이 잘 자라도록' 돕는 것이니까요.

어떤 새로운 일을 시작하려고 할 때 그것에 대한 지식이 필요하듯이, 육아를 할 때에도 '아이'에 대하여, 또 아이와의 관계에서 가장 중요한 것이 무엇인지를 알고 있다면 훨씬 편하고 즐거울 것입니다.

인사가 늦었습니다. 저는 예전에 보육교사였고, 지금은 몬테소리 교사 아키에로서 '아이가 존중받는 사회'를 만들기 위해 몬테소리 교육을 육아에 어떤 방식으로 적용하면 좋은지 그 정보를 널리 알리기 위해 세미나를 개최하는 등 다방면으로 일하고 있습니다.

그리고 개인적으로는 한 아이를 둔 엄마이기도 하여 여러분과 같은 부모입니다.

어린 시절부터 아이가 좋아서 보육교사를 꿈꾸어 왔습니다.

그런데 그토록 염원하던 보육교사가 되어 실제로 일을 시작해 보니 기대와 달리 '어른이 주도하는' 환경에서 아이 '개인'보다 '집단'에 무게를 둔 보육 현실에 큰 충격을 받았습니다. 그래서 '지금 우리의 교육은 옳은가?' 하는 강한 의문을 가지게 되었습니다.

그즈음 저는 몬테소리 교육을 접할 기회가 있었습니다. 그리고 깊이 알면 알수록 나 자신이 가진 의문이 풀리는 듯했고, 장차 아이를 교육하는 데 '몬테소리 교육'이 없어서는 안 된다는 확신에 이르렀습니다.

그런 까닭으로 그토록 염원했던 보육교사를 그만두고 본격적으로 몬테소리 교육을 공부하기 시작했습니다.

몬테소리 교육의 본질적인 사고를 공부하면 할수록 그것을 '아이를 돌보는 많은 사람에게 알리고 싶다'는 열망이 커져만 갔고 지금에 이르게 되었습니다.

이 책에서는 평소 아이를 양육하면서 부모가 가지게 되는 고민 중에서도 특히 흔한 사례를 들고 각각의 사례마다 몬테소리 교육에 근거한 육아 방식이나 양육 태도에 대하여 소개합니다.

다행스럽게도 몬테소리 교육에 의한 육아 방식에 대하여 널리 알리는 활동을 하는 중에 '좀 더 빨리 알았다면 정말 좋았겠다', '지금이라도 알게 되어 육아가 편해졌다'는 말씀을 많이 들을 수 있었습니다.

처음엔 뭐가 뭔지도 몰랐던 육아입니다.
그런데 거기에 '아이는 이런 존재다', '이런 것이 중요하니 이것을 좀 더 의식하면 좋다' 등등의 지식이라는 옷을 입히기만 하면 시야가 환히 밝아지고 마음에도 여유가 생깁니다.
안타까운 것은, 이 책을 읽는 것만으로는 '우리 아이가 갑자기 달라졌어요!' 하는 마법 같은 일은 일어나지 않습니다.
하지만 이 책을 읽기만 해도 '아이'를 이해하고 육아에서 무엇을 중시해야 하는지가 보일 것입니다.

  그리고 우리 '아이'를 바라보는 눈빛이 달라지고 아이를 대하는 태도가 달라질 것입니다.

  그 결과로서 아이의 태도가 달리 보이고 그것에 영향을 받아 진짜로 아이가 달라지는 일이 일어납니다.

  이 책을 계기로 평소의 고민이 해결되고 육아에 있어 무엇이 중요한지 깨달아 아이의 성장을 돕는 '육아'로 여러분이 행복해지기를 바랍니다.

몬테소리 교사 아키에

차례

들어가는 글   4

1장 0~6세 육아에 '믿음'이 중요한 이유

부모의 믿음은 아이를 성장시키는 밑거름   18
- 아이는 부모에게 어떤 존재인가?   18
- 부모는 어디까지나 도우미   19
- 부모의 '믿음'이 아이의 성장을 돕는다   21

육아에 몬테소리 교육을 추천하는 이유   23
- 몬테소리 교육을 알고 있는지?   23
- 몬테소리 교육을 추천하는 2가지 이유   24
- 어느새 '참견하지 않는다'가 습관으로   27

육아의 출발점은 '아이'를 이해하는 것   30

- 아이에게는 '스스로 성장하는 힘'이 있다   30
- 아이의 발달은 무엇을 목표로 하는가?   31
- 0~6세는 '자신이라는 개인'을 만드는 중요한 시기   34
- 유아기는 무의식의 시기와 의식의 시기로 나뉜다   35
- 0~3세는 보이지 않는 힘에 의해 움직이는 시기   35
- 3~6세는 목적을 가지고 의식적으로 노력하는 시기   38

아이의 '스스로 성장하는 힘' 2가지   40

- 자립을 목표로 하는 2가지의 특별한 힘   40
- '흡수하는 힘'은 유아기 내내 작동한다   41
- 0~3세와 3~6세의 '흡수하는' 방식은 다르다   42
- 능력을 획득하는 절호의 기회 '민감기'   44
- '민감기'의 종류와 시기   45

몬테소리 교육을 육아에 적용하는 방법   49

- 몬테소리 교육은 지금 바로 가정에서 실천할 수 있다   49
- 몬테소리식 육아의 4가지 포인트   50

2장 초조와 불안! 흔한 육아 고민과 그 대응

나쁜 부모는 없다   60
- 화냈다고 나쁜 부모는 아니다   60
- 매일 100점짜리 부모가 아니라도 좋다   62

스스로 하지도 않고 말을 해도 안 듣는 아이   64
- 아이에게도 나름의 사정이 있다   64
- '머리로 아는 것'과 '행동하는 것'은 별개   66
- 스스로 생각하고 행동하는 힘을 키우는 6가지 포인트   66

요구가 통하지 않으면 떼쓰는 아이   75
- '싫어싫어기(반항기)'는 어떤 시기?   75
- 어머니한테서 자신을 분리하는 변혁기   76
- 아이는 온 마음으로 '자립'하고 싶다   77
- '싫어싫어기'의 6가지 포인트   78
- 하고 싶어도 못하는 것이 자제심을 키운다   83
- 모든 것이 무용지물, 감당할 수 없을 때는   85
- 대립이 아니라 응원하는 자세로   87

혼자 할 수 있는 일에도 '해 주세요!' 응석 부리는 아이   88
- 아이 스스로 하는 힘 외에 키워야 하는 중요한 힘   88

- 응석 부리는 아이를 대하는 양육 태도의 3가지 포인트 … 90
- 응석을 받아 주는 것과 과잉보호는 구별한다 … 92

여러 번 주의를 주어도 고쳐지지 않는 아이 … 95
- 말로만 주의를 주어서는 제대로 전해지지 않는다 … 95
- 아이에게 '나쁜 것'을 알려 줄 때의 4가지 포인트 … 96

무심코 도와주거나 참견하기 전에 … 102
- 아이에게 맡길 수 있는 용기를 가진다 … 102
- 아이의 자신감을 키우는 5가지 포인트 … 104
- 아무리 기다려도 스스로 하려고 하지 않는 아이에게는 … 109
- 🌥 육아 멘토링 … '왜요?'라고 자꾸 묻는다면 … 111

3장 일상생활에서 점차 '할 수 있는' 것을 늘리는 부모의 대처법

식사 중 자리에서 일어나고 물건을 떨어뜨리는 아이 … 114
- 잘 먹여 건강하게 키우고 싶지만 … 114
- 안심하고 식사에 집중할 수 있는 환경을 만든다 … 115
- 식사 중 대응의 4가지 포인트 … 117

양치질을 안 하려고 하는 아이 　　　　　122
- 양치질을 억지로 하면 아이도 힘들다 　　　　　122
- 양치질을 습관화하는 4가지 포인트 　　　　　123

혼자서 옷을 갈아입지 않는 아이 　　　　　128
- 아이가 혼자서 옷을 갈아입으려고 하지 않는 이유 　　　　　128
- 혼자서 옷을 갈아입게 만드는 3가지 포인트 　　　　　129

놀이 후에 정리하지 않는 아이 　　　　　134
- 정리하게 만드는 5가지 포인트 　　　　　134
- 정리는 습관화가 중요 　　　　　141
- 🔖 **육아 멘토링** … 몬테소리 방식의 장난감과 그림책을 선택하는 방법 　　　　　142

약속을 지키지 않는 아이 　　　　　145
- 왜 약속을 지키지 못할까? 　　　　　145
- 약속을 지킬 수 있게 만드는 5가지 포인트 　　　　　146
- 작은 약속을 지키는 경험을 차곡차곡 쌓아 간다 　　　　　150
- 꾸짖거나 벌주지 않는다 　　　　　151

집중력이 지속되지 않는 아이 　　　　　153
- 집중은 태어날 때부터 시작되었다 　　　　　153

- 집중은 어른이 지시하는 게 아니다   154
- 일상생활에서 아이가 집중하는 모습을 지켜본다   155
- 집중력을 키우는 3가지 포인트   157
- 집중력은 매일 쌓일 때 비로소 얻어지는 것   160

🌀 **육아 멘토링** … 텔레비전이나 동영상을 잘 이용하는 방법   163

4장 다른 사람과의 관계나 말투에 대하여

마음에 안 들면 때리거나 깨무는 아이   168
- 아이의 마음속에 무슨 일이 일어나고 있을까?   168
- 말로 전하는 힘을 키우는 3가지 포인트   169
- 말을 사용한 구체적인 표현법을 알려 준다   172
- 초조나 불안을 떨쳐 내고   173
- 엄마 아빠를 때릴 때는   174

물건을 빌려주지 않는 아이   176
- 유아기는 아직 자기 물건을 남에게 빌려주지 않아도 좋다   176
- 아이의 만족이 우선   177
- 거절하는 힘을 키울 필요도   178

- 커뮤니케이션 방법을 알려 주는 부모의 양육 태도　　179
- 공공장소에서의 규칙을 알려 준다　　180
- 주위 시선에 신경 쓰지 않는다　　182

솔직하게 사과하지 않는 아이　　184
- 유아기는 마음으로 느끼는 원체험이 중요하다　　184
- 0~3세는 욕구대로 행동한다　　186
- 상대의 표정이나 마음을 알아차리는 4가지 포인트　　187
- 사과하는 타이밍은 아이에게 맡긴다　　189
- 일상생활 속에서 부모가 사과하는 모습을 보인다　　191

낯가림이 심한 아이　　193
- 금세 없어지는 아이도 있고 좀 더 시간이 걸리는 아이도 있다　　193
- 난처한 게 부모라면 주의가 필요하다　　195
- 색안경을 벗는다　　196
- '아이가 낯가림이 있어서'라는 말이 낯가리는 아이를 만든다　　197

거친 말투가 마음에 걸린다면　　200
- 태어나서 첫 3년간은 언어 획득에 중요한 시기　　200
- 0~6세에 어떤 말을 흡수하는지가 중요　　201
- 말투가 마음에 걸릴 때는 올바른 표현을 알려 준다　　202

| 아이가 쓰지 않기를 바라는 말은 부모도 쓰지 않는다 | 205 |
| 🎙 육아 멘토링 … 학원은 보내는 게 좋을까? | 208 |

5장 아이의 '성장을 돕는' 육아를

육아에 필요한 3가지 관계와 여유 — 212
- 육아에 필요한 것 — 212
- 마음에 '여백'을 만드는 방법을 터득한다 — 216
- 힘들어지면 마음의 충전을 — 218

아이도 부모도 모두 같지 않아도 좋다 — 220
- 무심코 자신의 아이를 다른 아이와 비교한다? — 220
- 모두 제각기 다른 게 당연 — 222
- 부모도 '모두 달라' 좋다 — 224

아이와 함께 '지금'을 살아야 — 226
- 깨달을 때가 시작할 때 — 226
- 활기차게 사는 부모가 아이에겐 미래의 희망 — 228
- 아이를 대할 때는 마음을 '지금'에 맞춘다 — 230

믿는 만큼 달라지는 아이 … 232
- 믿어 주면 힘이 샘솟는다 … 232
- '너라면 괜찮아' 하고 아이를 무조건 믿는다 … 233
- 작은 행동이라도 '하려고 했다'는 사실을 인정한다 … 235

믿음 육아 총정리 … 부모의 양육 태도의 포인트 … 237
나가는 글 … 238

1장

0~6세 육아에 '믿음'이 중요한 이유

부모의 믿음은
아이를 성장시키는 밑거름

▼ 아이는 부모에게 어떤 존재인가?

여러분에게 '아이'는 어떤 존재인가?

'육아'라는 아이의 성장을 돕는 작업 중에서, '아이'를 어떻게 파악하고 있는지는 매우 중요하고 가장 핵심이 되는 부분이다.

이 책을 읽기에 앞서 먼저 '아이란 어떤 존재인지'를 함께 생각해 보고 싶다.

'아이'는 우리 어른보다 아래에 있는 존재일까?

아니면, 위에 있는 존재일까? 답은 둘 다 '아니다'. **아이는 우리**

어른과 대등한 존재이다.

분명 우리 어른은 아이보다 앞서 이 세상에 태어났고, 이 세상에 대해 어린아이보다 몇 배는 더 많이 알고 있다.

하지만 아이도 '인격이 있는 어엿한 한 사람의 인간'이다.

그러하기에 **육아에 있어 무엇보다 중요한 것은 '아이를 존중하고 믿는 것'이다.** '아이를 존중하는 마음으로 아이의 성장을 믿고 대등하게 인간관계를 맺는다'는 어른의 태도가 중요하다.

▼ 부모는 어디까지나 도우미

육아는 단 한 번으로 끝나므로, 실패가 용납되지 않는 중대한 작업이라고 생각하기 쉽다. 그런 생각에서 '똑바로 키워야 한다', '이 아이가 부끄럽지 않게, 태도와 행동이 올바른 아이로 키워야 한다'는 막중한 책임을 느끼고 있을지도 모른다.

그러나 우리 어른이 아이들에게 할 수 있는 일은 생각보다 많지 않다.

그렇다면 부모로서 우리 어른이 할 수 있는 일은 어떤 것이 있을까? 그것은 다음과 같다.

- 아이를 이해하기
- 아이를 존중하기
- 아이를 믿어 주기
- 아이의 성장을 지지하기

아이는 이 세상에 태어나 한 사람으로서 살아가기 위해 '자립'을 목표로 스스로를 발달시켜 나가고 있다.

아이의 '자립'이라는 스토리에서 주인공은 부모도 다른 누구도 아닌 바로 아이 자신이다. 우리 부모가 그것을 대신할 수는 없다.

우리 부모는 어디까지나 곁에서 돕는 조력자일 뿐이다. **부모의 역할은 이 세상에 먼저 태어난 존재로서 아이가 스스로 잘 성장해 갈 수 있게 지켜보고 때때로 돕는 것이다.**

그리고 아이가 자신의 인생을 자기의 발로 한 걸음씩 나아갈 수 있게 돕고, 앞으로 앞으로 걸어가는 모습을 뒤에서, 때로는 옆에서, 때로는 반걸음 앞에서 지켜보며 응원하는 것이다.

▼ 부모의 '믿음'이 아이의 성장을 돕는다

인생이 막 시작된 유아기는 장차 인간으로 살아가기 위한 밑바탕을 만드는 시기이다.

아이가 세상에 태어났을 때 이미 '신체'는 형성되어 있지만 아직은 그 신체를 자신의 의지대로 움직일 수 없다.

그것은 아직 인간으로서 '정신'적인 부분이 만들어지지 않았기 때문이다.

유아기는 바로 이 정신적인 부분을 스스로 만들어 가는 중요한 시기이다.

그 때문에 전 세계 어느 나라, 어느 문화, 어느 시대에든 태어나는 모든 아이에게는 **'스스로 성장하는 힘'**이 갖춰져 있다.

이것이 어떤 힘인지에 대해서는 이후 자세히 소개할 텐데, 아이에게 '스스로 성장하는 힘'이 있기에 아이는 누가 뭐라고 하지 않아도 자기 자신을 만들어 갈 수 있다.

아이의 성장을 지지하는 데 있어서는 아이에게 있는 '스스로 성장하는 힘'을 믿고 그 성장을 돕는 부모의 양육 태도를 빼놓을 수 없다.

아이가 아무리 사랑스러워도 부모가 대신하여 아이를 자립시킬 수는 없다. **그것은 아이 스스로 이루어 내는 수밖에 없다. 그러기 위해서는 부모의 뒷받침이 필요하다. 따라서 무조건적으로 아이를 믿는 것이 중요하다. 그럼으로써 아이에게 자신감과 힘을 길러 주고 그것에 힘입어 아이는 자신의 힘으로 발달해 나갈 수 있다.**

'어차피 못하니까', '어린아이니까'라며 아이에게 있는 힘을 얕잡아 보지 말고, 우선은 아이가 잘 자라 줄 것이라는 믿음을 가지는 것부터 시작해 보자.

부모의 그 '믿음'이 아이의 성장을 크게 지지해 주는 힘으로 이어진다.

육아에 몬테소리 교육을 추천하는 이유

▼ **몬테소리 교육을 알고 있는지?**

이 책을 읽고 있는 여러분 중에는 이미 몬테소리 교육에 대하여 알고 있는 사람도 있겠지만 처음 듣는 사람도 있으리라 생각한다.

몬테소리 교육은 지금으로부터 약 110년 전 이탈리아에서 처음 생겨났다. 마리아 몬테소리라는 여성 의사가 아이를 관찰하고, 그 결과로 만들어 낸 교육 방식이다.

여러분은 몬테소리 교육에 대하여 어떤 이미지를 가지고 있을까? 몬테소리 교육을 받은 인물 가운데 우수한 사람이 많아서 몬테소리 교육을 '조기교육'이나 '영재교육'으로 생각하는 사람도 적지 않을지 모른다.

그러나 몬테소리 교육은 결코 '천재로 키우'거나 '아이의 지능을 높이는' 것을 목적으로 하는 교육 방식이 아니다.

아이에게서 보이는 발달 과정의 특징이나 원리를 이해하고 아이에게 적절한 환경을 마련해 주고 필요한 양육 태도로 아이가 스스로 성장할 수 있게 돕는 교육 방식이다.

그리고 <u>몬테소리 교육은 '아이를 존중하고 믿는 것'을 기반으로 교육 이론이나 교육 방식이 이루어져 있다.</u>

▼ 몬테소리 교육을 추천하는 2가지 이유

육아에 몬테소리 교육을 적극 도입할 것을 추천하는 이유는 크게 2가지로 나눌 수 있다.

❶ 아이가 살아갈 힘을 얻는다
❷ 부모 자신도 육아를 통해 크게 성장한다

하나씩 살펴보자.

❶ 아이가 살아갈 힘을 얻는다

육아에 몬테소리 교육 방식의 도입을 추천하는 첫 번째 이유는, 아이가 장차 인생에서 평생 사용할 '살아갈 힘'을 얻기 때문이다.

몬테소리 교육의 바탕에는 아이의 발달 원리가 있어 모든 것이 '아이'에게서 시작한다. 그래서 인간으로서 가지는 자연스러운 욕구가 저절로 채워지기 때문에 아이에게 부담스럽지 않게 성장기의 가장 적절한 타이밍에 몸도 마음도 성장한다.

그리고 부모가 아이를 키우는 게 아니라 아이를 한 인간으로 대등하게 보고 '아이 스스로 발달해 가게 돕는 것'이 어른의 역할이라고 생각한다.

그럼으로써 아이는 보장된 자유 속에서 주체적으로 자신을 발달시켜 가고 여러 가지 일에 능동적으로 대처할 수 있게 된다.

아이는 그런 부모의 양육 태도나 환경 안에서 지내며 '해냈다!'는 성취감이나 유능감, 자신이 선택하는 힘, 주체성, 실패해도 포기하지 않는 끈기, 문제를 깨닫고 해결하는 힘, 어떤 일에 몰입하는 집중력 등을 키울 수 있다.

또한 매일 아이를 인격을 가진 존재로 대하면 아이 스스로 '내게는 이럴 만한 충분한 가치가 있다'는 자존감이나 늘 긍정적으로 자신을 바라보는 자기 긍정감도 키워진다.

이러한 능력은 딱히 수치로 표현할 수 없는 탓에 자칫 간과하기 쉽다.

그러나 이 같은 힘은 장차 긴 인생을 살아가는 데 없어서는 안 되는 힘으로 아이의 인생을 풍성하게 만들어 준다.

얼핏 봐서는 좀처럼 알 수 없는 힘이지만, 그것이야말로 인생을 '살아가는 힘'으로서 아이의 내면에 든든히 뿌리내린다.

이러한 몬테소리 교육은 우리 인간에게 필요한 '살아가는 힘'을 키워 주는 교육 방식이다.

❷ 부모 자신도 육아를 통해 크게 성장한다

육아에 몬테소리 교육 방식을 도입하기를 추천하는 두 번째 이유는, 아이의 성장을 도울 뿐 아니라 사실 부모 자신까지도 크게 성장시킨다는 점이다.

앞서 '아이를 존중하고 믿는 것이 중요하다'고 이야기했다.

아이를 존중하고 어엿한 인간으로서 대하기 위해서는 부모의 생각대로 되지 않을 때나 감정이 앞서려고 할 때 스스로 감정을 제어하는 '인내력'이 필요하다.

아이를 돌보고 있자면 그 같은 인내심이 요구되는 상황을 수없이 경험하게 되는데, 그러는 가운데 자신의 서툰 부분이나 약한 부분에 직면한다. 자신과 정면으로 맞닥뜨리게 되는 기회가 끊임없이 찾아온다.

때로는 그것이 힘들고 괴롭기도 하다.

그러나 그것과 맞서고 마침내 극복해 냈을 때, 그 결과로서 내면적인 성장을 이루어 낼 수 있다.

또한 '아이를 존중하고 믿는다'는, 상대에 대한 존경심을 평상시에 의식하다 보면 어느 사이엔가 아이와의 관계뿐 아니라 인간관계 전반으로 확대되어 배우자나 가족, 친구나 회사 동료 등 자기 주변에 있는 사람을 대하는 태도까지 변화한다.

그러면 부부 관계도 교우 관계도 좋아지고 자신에게 소중한 것이 도드라지거나 자신을 존중해 주는 상대가 분명해지면서 자신의 인간관계가 한층 더 기분 좋은 것이 되어 간다.

♥ 어느새 '참견하지 않는다'가 습관으로

이 책에서 육아의 든든한 지원군이 되어 주는 몬테소리 교육 방식을 육아에 적용하면 '아이와의 관계에서 이토록 부모의 인내심이 필요한 것인가!' 하고 느낄지도 모른다.

나 역시도 아이를 낳고 아이가 무엇인가를 '혼자 하려는' 모습을 볼 때 무심코 도우려는 마음에 손이 움찔하거나 참견을 하고 싶은 순간이 수없이 많았다.

"그게 아니지" 하고 부모가 직접 고쳐 주면 간단한 일이다.

하지만 그렇게 했을 때 아이가 스스로 잘못을 알아차리고 고칠 수 있을까? 그것이 아이에게 훨씬 가치 있는 기회이다.

그래서 움찔거리는 손을 멈추고 참견하고 싶은 욕구를 꾹 참을 필요가 있다.

처음에는 손이 근질거려 참을 수 없었다. 하고 싶은 말이 목구멍까지 치밀어 올라 견딜 수 없었다.

그러나 '말하고 싶고 참견하고 싶은' 자신의 감정을 억누르고 가만히 아이의 모습을 지켜볼 수 있게 되었을 때 '지켜보기 10점 획득! 참 잘했다!'며 나 자신을 칭찬했다.

그 같은 일을 여러 차례 반복하는 동안에 그것이 습관이 되어 아이가 혼자 힘으로 어떻게든 해 보려는 모습을 믿음으로써 지켜보고 가만히 기다려 줄 수 있게 되었다.

그러는 동안 나 자신의 감정을 들여다보고 제어하는 힘도 키웠다. 그 덕분에 아이를 키우는 중에 미처 생각하지 못한 사태가 벌어져도 감정이 앞서는 일은 거의 없었다.

물론 이것은 혼자서 할 수 없다. **몬테소리 교육을 이해하고 그**

에 따른 양육 태도로 아이를 대하고 그 결과로서 자신과 마주하게 되었을 때 비로소 깨달을 수 있는 것이다.

  그리고 '아이를 존중하고 믿음'으로써 주위 사람에 대한 존경심도 한층 깊어지고 인간관계도 기분 좋은 것이 되는 것이다.

  매시간, 매분, 매초, 시시각각 맹렬한 속도로 성장하는 아이와 함께 우리 어른도 성장할 수 있다면 그보다 멋진 일은 없을 것이다.
  이런 식으로 육아를 통해 몬테소리 교육의 주요 사상을 자기 것으로 받아들이는 가운데 부모 자신도 변할 수 있다는 점이 몬테소리 교육을 육아에 도입하면 좋은 이유 중 하나다.

 핵심포인트

- 아이가 인간으로서 필요한 '살아갈 힘'을 키운다.
- 아이를 존중하고 믿는 마음을 의식한 양육 태도가 주변 사람들에 대한 존경심을 키우고 인간관계를 더욱 기분 좋게 바꾼다.
- 몬테소리 교육을 바탕으로 육아에 힘쓰는 동안 부모 자신도 성장한다.

육아의 출발점은 '아이'를 이해하는 것

♥ 아이에게는 '스스로 성장하는 힘'이 있다

몬테소리 교육에서는 아이에게는 '스스로 성장하는 힘'이 있다고 생각한다.

우리는 아이를 돌보고 키우는 것을 '육아'라고 말한다. 하지만 사실 <u>아이는 '돌보고 키우는' 존재가 아니라 '스스로 성장하는'</u> 존재이다.

"아이야, 이제 슬슬 걸어야지" 하고 누군가 말해 주지 않아도 아이는 태어날 때부터 자신의 두 다리로 걷기 위해 스스로 조금씩 자신을 발달시켜 간다.

그리고 아무도 걷기 위한 순서를 가르쳐 주지 않았는데도 아이는 스스로 몸을 뒤집게 되고 앉게 되고 무엇인가를 잡고 일어서 벽을 짚고 걸을 수 있게 된다.

결국 인간으로 살아가기 위해 언제 어떠한 능력을 획득해야 하는지 이미 아이 안에 프로그래밍되어 있는 것이다.

나중에 자세히 설명하겠지만, 아이는 그 프로그래밍된 정보와 그 에너지에 따라 자기 자신을 발달시킨다.

물론 개인차는 있어서 달수가 같아도 한 사람, 한 사람의 발달 속도는 각기 다르다.

그러나 여기서 의식해야 하는 중요한 점은 '평균보다 빨리' 발달하는 것이 아니라 '그 아이의 발달 속도와 그 아이다움이 보장되고 있는가' 하는 것이다.

그리고 그것이야말로 아이에게 있어서의 행복이다.

▼ 아이의 발달은 무엇을 목표로 하는가?

아이에게는 '스스로 성장하는 힘'이 있다고 앞서 말했는데 아이

는 대체 어떤 목표를 향해 자신을 발달시키고 있는 것일까?

그 답은 '자립'과 '자율'이다.

- 🌱 자립 ⋯ 자신이 자신일 수 있게 되는 것
- 🌱 자율 ⋯ 자신을 스스로 다룰 수 있게 되는 것

아이는 생명을 부여받은 순간부터 자신의 '자립'과 '자율'을 향해 스스로 발달해 간다.

단, 되는대로 발달해 가는 것이 아니라 자립과 자율이라는 명확한 목표를 향해 매일, 매시간, 매분, 매초, 자기 자신을 발달시키고 있다.

몬테소리 교육에서는 유아기 6년간을 전반과 후반으로 나누어 생각한다.

먼저 전반 3년 동안은(0~3세) '자신=개인'의 기반을 만드는 시기이다.

그리고 후반 3년 동안은(3~6세) '개인'을 더욱 면밀하게 만들고 세련되게 다듬는 시기이다.

이 시기의 아이는 다음과 같은 것을 바라고 있다.

- 0~3세 ··· **내가 내가 될 수 있게 도와주세요.**
- 3~6세 ··· **혼자서 할 수 있게 도와주세요.**

결국 어떠한 때라도 아이는 자신의 힘으로 자립과 자율을 향해 두 발로 나아가려 한다. 아이의 이러한 바람이 이루어지도록 도와주는 것이 '육아'의 기본이다.

▼ 0~6세는 '자신이라는 개인'을 만드는 중요한 시기

앞에서도 말했듯이 아이는 스스로 자립·자율을 목표로 발달해 간다. 그중에서도 <u>0~6세 유아기는 '자신'이라는 '개인'을 창조하는, 인생에 있어서 매우 중요한 시기</u>이다. 아이는 그 6년 동안 앞으로의 인생에서 단 한 번도 경험하지 못할 속도와 강렬한 에너지로 발달한다.

하나부터 열까지 전부 모르는 것 투성이인 미지의 세계에 태어난 순간부터, 아이는 인간으로 살아가는 데 필요한 능력을 획득하려고 온 힘을 다한다.

'이제 자립하는 거 포기할래요', '매일 성장하는 거 너무 지쳤어요'라며 스스로 발달하기를 포기하고 주저앉는 아이는 지금껏 단 한 번도 본 적이 없다.

모든 아이들은 자기 자신을 발달시키며 필사적으로 '자신=개인'을 창조하고 있다.

그런 아이의 성장 에너지는 매우 강력해서 0~6세의 6년간은 부모의 생각대로 되지 않거나 끊임없이 고민이 생기며 부모와 아이 사이에 다툼이 쉽게 일어나는 시기이기도 하다.

▼ 유아기는 무의식의 시기와 의식의 시기로 나뉜다

0~6세의 '유아기'는 전반(0~3세)과 후반(3~6세)으로 나뉘는데, 이렇게 나누는 결정적인 포인트가 있다.

- 0~3세 ⋯ 무의식의 시기
- 3~6세 ⋯ 의식의 시기

먼저 전반인 0~3세 '무의식의 시기'부터 살펴보자.

▼ 0~3세는 보이지 않는 힘에 의해 움직이는 시기

0~3세 아이가 있는 가정에서는 매일 온 힘을 다해 하고 싶은 것을 마음껏 하며 살아가는 아이의 한없이 귀여운 모습을 볼 수 있다. 하지만 그런 아이로 인해 부모는 때때로 에너지가 완전히 소진되어 파김치가 되어 버리기도 한다(이것은 물론 처음 3년에 국한된 이야기는 아니다).

0~3세의 아이는 '기다리지 못해' 보고 싶으면 보고 만지고 싶으면 만지고 하고 싶으면 지금 당장 해야 직성이 풀린다. 만일 그럴

수 없다면 있는 힘껏 울음을 터뜨린다.

아이는 왜 그런 모습을 보이는 것일까? 왜냐하면 **이 시기는 아직 '의식'이 싹트지 않아서, 대부분의 시간에 '무의식'적인 상태로 무엇인가를 하고 있기 때문**이다.

세상에 나온 이후 조금씩 의식이라는 것이 싹트는 시기가 바로 0~3세다.

물론 태어나서 3세에 이르기까지 내내 무의식으로 있는 것은 아니다. 0~3세에 걸쳐 서서히 의식이 싹트고 또렷해진다.

이 시기는 아직 의식적으로 무엇인가를 한다기보다 '지금은 이것을 발달시키자', '지금은 이 능력을 획득하자'는, **이미 아이에게 내재되어 있는 프로그램에 따른 에너지의 흐름대로 움직이는 시기**이다.

그렇기 때문에 예컨대 아이가 걸을 수 있게 되었을 때 "오늘은 실컷 걸었지? 이제 그만하자" 하고 안아 들어도, 오히려 "더 걸을래!", "걸을 거야!" 하고 떼를 쓰듯이 온몸으로 버티며 계속 걸으려고 한다.

티슈 상자를 보면 티슈를 쏙쏙 계속 뽑아 대는 것도 다르지 않다. 무언가를 잡고 당기는 동작이 하고 싶어 견딜 수 없는 것이다.

"이제 그만하자"며 어르고 달래도, 아이 역시 그 에너지의 흐름대로 움직이는 것이기에 도저히 손을 멈출 수 없는 것이다.

말려도 달래도 통하지 않으니 부모로서는 '어떻게 하면 좋을까?' 하고 고민하는 일이 많다.

그러나 이런 강렬한 에너지가 있기에 부모가 아이에게 "지금 ○○을 할 수 있게 하자"고 가르쳐 주지 않아도 아이 스스로 자신을 발달시키고 살아가는 힘을 획득할 수 있는 것이다.

3~6세는 목적을 가지고 의식적으로 노력하는 시기

이어서 후반인 3~6세 '의식의 시기'에 대하여 살펴보자.

0~3세가 앞서 서술한 바와 같이 '무의식'의 시기인 것에 반하여 3~6세에는 '의식'의 시기로 변화해 간다.

아이는 3세가 되면 갑자기 의식적이 되는 것이 아니라 무의식과 의식의 세계를 오가며 서서히 의식의 세계로 발을 들여놓게 된다.

에너지가 이끄는 대로 자신이 하고 싶은 것에 몰입했던 0~3세 무렵과 달리, **'의식'의 시기에 있는 3~6세 아이는 '나는 어떻게 하고 싶은가?'라는 목적을 가지고 대상을 선택하고 에너지를 사용하여 의식적으로 임하려는 모습을 보인다.**

예컨대 이 시기의 아이에게서 "내 이름을 써 보고 싶어요!", "이 색깔로 이렇게 칠할 거예요!", "자전거를 타면 좋겠어요!" 하는 목적을 가지고 의식적으로 어떤 것에 몰두하는 모습이 보인다면 이미 완전히 의식의 세계로 들어섰다고 볼 수 있다.

또한 3~6세도 여전히 강렬한 에너지를 가지고 있어서 0~3세에 획득한 것들을 세련되게 다듬어 자신의 것으로 정착시키는 시기이기도 하다.

이렇듯 0~6세를 통틀어 유아기라고 해도 사실 전반(0~3세)과 후반(3~6세)으로 나뉘고 그 발달단계는 전혀 다르다.

우리 아이가 '무의식'의 시기인지, '의식'의 시기인지 꼭 생각해 보자.

- 아이는 스스로 성장하는 힘을 가지고 있다.
- '자립'과 '자율'을 향해 자신을 발달시켜 간다.
- 0~3세는 '무의식'의 시기로, 내재된 에너지에 따라 행동한다.
- 3~6세는 '의식'의 시기로 목적을 가지고 의식적으로 어떤 것에 몰두한다. 이 시기에 이제껏 획득한 것을 세련되게 다듬어 자신의 것으로 정착시킨다.

아이의 '스스로 성장하는 힘' 2가지

♦ 자립을 목표로 하는 2가지의 특별한 힘

아이에게는 '스스로 성장하는 힘'이 내재되어 있다고 지금껏 여러 차례 강조했는데, 대체 '스스로 성장하는 힘'이란 어떤 것일까? 여기에는 다음의 2가지가 있다.

- **흡수하는 힘** … 주위의 정보를 자신의 것으로 받아들이는 힘
- **민감기의 에너지** … 다수의 특징적인 능력을 획득하기 위해 한정된 기간에 나타나는 힘

아이는 이 2가지 특별한 힘이 있기에 '어떻게 걸으면 되는지' 그 방법을 일일이 설명해 주지 않아도 걷게 되고, 일일이 가르쳐 주지 않아도 언어를 사용하여 의사소통을 하게 된다.

그렇다면 각각의 힘에 대하여 자세히 살펴보자.

▼ '흡수하는 힘'은 유아기 내내 작동한다

이 세상에 태어난 아이는 살아가기 위해 자신을 성장시키고 한시라도 빨리 환경에 적응해야 한다. 그러기 위해서 갖추고 있는 것이 '흡수하는 힘'이다.

아이는 환경에 적응하기 위해 늘 주위의 정보를 흡수하여 자기 안에 담아 둔다. 그리고 그 담아 둔 것을 사용하여 조금씩 자신을 창조해 간다.

이 흡수하는 힘은 0~6세의 유아기 내내 가동한다.

언어 사용법, 의사소통하는 방법, 신체 사용법, 태도와 행동, 예의범절, 물건 사용법 등등 아이 자신이 태어난 환경에서 인간으로 살아가는 데 필요한 온갖 것들을 시각, 청각, 후각, 미각, 촉각이라는 오감을 총동원하여 항상 흡수한다.

"아이는 뭐든 흡수하는군요!"라고 어른들끼리 이야기한 적이 있지 않은가?

그 말처럼 정말로 **아이는 좋은 것이든 나쁜 것이든 모조리 흡수한다.**

어느 어머니는 '우리 아이가 기기 시작하면서 문이나 서랍을 발로 닫는 것을 보고 눈을 의심했다'고 한다. '문은 발로 닫으면 된다'고 가르쳐 준 적이 없는데도 말이다.

하지만 아이는 부모의 행동을 보고 제대로 흡수한 것이다.

그리고 적절한 때가 올 때까지 자기 안에 흡수한 것을 담아 두었다가 최적의 타이밍에 아웃풋한다.

'대충 이런 느낌'이라는 두루뭉술한 방식의 흡수가 아니라, 선명하고 정확한 방식으로 흡수하고 흡수한 그대로 멋지게 흉내 내듯 표현한다.

❤ 0~3세와 3~6세의 '흡수하는' 방식은 다르다

이 흡수하는 힘은 0~3세와 3~6세에 각기 다른 특징을 보인다.

0~3세인 무의식의 시기에는 무엇이든 무의식적으로 필터를 통하지 않고 흡수한다. 좋은 것도 나쁜 것도 무엇이든지 흡수한다.

'지금 이건 없었던 것으로 하자'며 자기 안에서 선별하지 못한다.

그곳에서 본 것, 들은 것, 만진 것, 냄새 맡은 것, 먹은 것, 온갖 것들의 정보와 자극을 흡수하여 자기 안에 차곡차곡 담아 간다.

그에 반해 3~6세인 의식의 시기에는 0~3세 때보다 **의식적으로 흡수하게 된다.**

"'엄마'라고 어떻게 쓰는 거예요?", "어떻게 하면 철봉에 매달려 몸을 앞으로 굴릴 수 있어요?"라며 자신이 흡수하고 싶은 것, 할 수 있게 된 것을 의식적으로 알아 가는 모습을 볼 수 있다.

그러나 0~3세 때처럼 거기에 있기만 해도 뭐든 흡수한다는 사실은 변함없다. 마치 스펀지처럼 흡수력이 좋다.

스펀지처럼 흡수한 물이 투명하다면 투명해지고 흡수한 물이 시커멓다면 까맣게 물든다. 흡수한 것으로 '자신=개인'을 창조해 가는 것이다.

그런데 단 한 가지 스펀지와 다른 점이 있다.

그것은 **'흡수하는 힘'으로 일단 흡수한 정보는 결코 밖으로 나오지 않는다는 것**이다.

스펀지가 물을 흡수한 뒤 꾹 짜면 물이 흘러나온다.

그러나 흡수하는 힘으로 흡수한 정보나 자극은 '없던 일로 만들기' 위해 짜내려고 해도 좀처럼 나오지 않는다. 일단 잡으면 꼭 쥐고 놓지 않는 매우 강력한 힘이다.

이 강렬한 힘이 있기에 아이는 '자신=개인'을 창조하고 자신의 힘으로 스스로 발달해 나갈 수 있는 것이다.

▼ 능력을 획득하는 절호의 기회 '민감기'

이어서, 또 다른 힘인 '민감기'에 대하여 알아보자.

아이가 성장하는 과정에는 '이 시기에 이 능력이 발달하는' 가장 좋은 시기라고 하는 것이 있다.

능력에는 인생을 살아가는 데 필요한 운동능력이나 언어능력, 감각기관으로 정보를 구별하는 능력 등 여러 가지가 있는데 이들 능력을 획득하기 위해 강력한 에너지가 표출되는, 어느 한정된 시기를 몬테소리 교육에서는 '민감기'라고 말한다.

'민감기'는 그때만이 스포트라이트가 비추고 있는 듯 한정적으로 강하게 나타난다. 결국 그 능력을 획득하는 최고의 타이밍이라고 할 수 있다.

이런 강력한 에너지가 있기에 아이는 여러 가지 능력을 스스로 획득해 나갈 수 있다.

앞에서도 이야기했지만, 아이는 태어났을 때 이미 인간의 육체(신체)를 가지고 있지만 자신의 생각처럼 움직일 수 없다.

부모나 주위 어른들의 보호와 보살핌을 받으면서 이 '민감기'의 에너지에 힘입어 아이는 인간으로 살아가는 데 필요한 능력을 조금씩 스스로 획득한다. 그리고 조금씩 신체를 자신의 의지대로 움직일 수 있게 된다.

▼ '민감기'의 종류와 시기

민감기에는 크게 6가지 종류가 있고, 0~6세에 여러 가지의 민감기가 동시 병행적으로 나타난다. 한 가지씩 차례로 살펴보자.

❶ 언어의 민감기(0~6세)

언어를 자신의 일부로 획득하기 위해 강하게 나타나는 에너지. 언어에 강한 흥미를 보인다.

❷ 운동의 민감기(10개월~4세 전후)

두 발로 걷거나 손을 도구처럼 사용하기 위해 강하게 나타나는 에너지.

신체를 자신의 의지대로 움직일 수 있게, 신체를 크게 움직이는 '대근육 운동'과 섬세한 움직임의 '소근육 운동' 모두를 획득한다. 여하튼 움직이고 싶은 충동과 손을 사용하려는 충동을 보인다.

❸ **감각의 민감기(0~4세 반 전후)**

감각기관(오감: 촉각, 미각, 후각, 시각, 청각)을 단련시키고 감각기관으로 느낀 정보를 구별하기 위해 강하게 나타나는 에너지.

감각기관이 특히 예민해진다. 감각기관을 사용하여 외부의 자극을 느끼고 싶어 참을 수 없는 시기이다.

❹ **질서의 민감기(0~4세 전후, 1세 반~3세가 절정)**

자신이 있는 환경의 '마땅히 그래야 하는' 질서를 자기 안에 확립하기 위해 강하게 나타나는 에너지.

<u>**'항상 똑같다'는 것에 매우 강한 집착을 보인다.**</u>

❺ **사회성의 민감기(2세 반~6세 전후)**

환경에 어울리는 사람이 되기 위해 그 환경에서 인사, 몸가짐, 행동, 사람과 물건에 대한 관계성 등을 획득하기 위하여 강하게 나타나는 에너지.

자신뿐 아니라 주위 사람이나 사물에 관심을 가지고 <u>**'누군가를**</u>

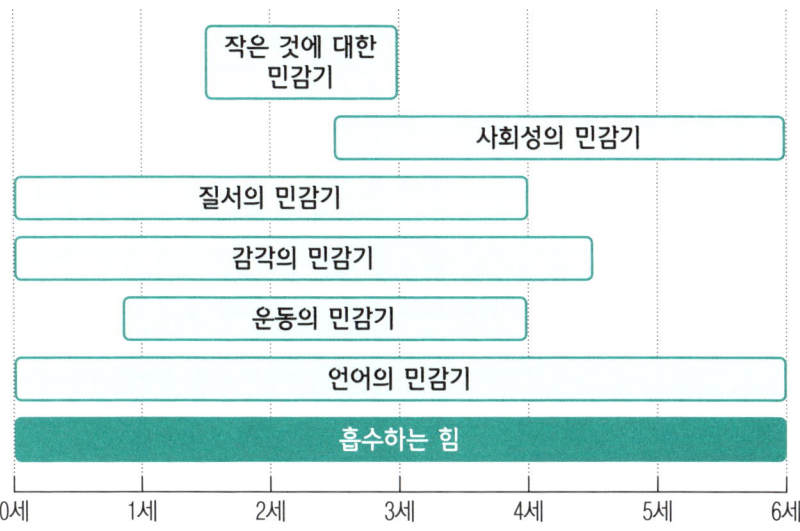

위해서'라며 타인에게 도움이 되는 일을 하려는 모습을 보인다.

❻ **작은 것에 대한 민감기**(1세 반~3세 전후)

작은 것에 의식을 향하고 관찰력을 획득하기 위해 강하게 나타나는 에너지.

부모가 알아차리지 못하는 작은 먼지나 머리카락, 자그마한 돌멩이 등에 민감하게 반응하여 주우려고 한다.

이처럼 0~6세 유아기에는 여러 가지 것들에 강한 흥미를 보이고 능력을 획득하기 위해 강한 에너지를 표출한다.

인생을 살아가는 데 필요한 능력을 '흡수하는 힘'과 '민감기'의 에너지에 힘입어 자기 것으로 만들어 간다.

앞서 말한 바와 같이 아이는 '오늘은 걷는 방법을 배워 보자. 오른발을 내밀고 그 다음에는 왼발을 내밀고'라며 일일이 걷는 방법을 가르쳐 주지 않아도 두 발로 걷기 위해 조금씩 자신을 발달시키고 걸을 수 있게 된다.

이것은 '흡수하는 힘'과 '운동의 민감기'에 나타나는 운동능력을 획득하기 위해 표출되는 에너지가 있기 때문이다.

이 2가지 힘이 맞물려 아이는 걷는 데 강한 흥미를 느끼고 주변에 있는 어른이나 다른 아이가 걷는 모습을 주의 깊게 관찰하며 '걷는' 동작을 매일같이 흡수하여 그것을 아웃풋한 결과로서 걷게 되는 것이다.

 핵심포인트

- '스스로 성장하는 힘'은 '흡수하는 힘'과 '민감기'로 성립된다.
- '흡수하는 힘'은 0~6세의 유아기에 끊임없이 가동한다.
- '민감기'는 특정 능력을 획득하기 위해 한정된 기간에 집중적으로 에너지가 쏟아져 나오는 시기이다.

몬테소리 교육을
육아에 적용하는 방법

▼ 몬테소리 교육은 지금 바로 가정에서 실천할 수 있다

　몬테소리 교육은 유치원이나 학교 같은 교육시설에서만 하는 것이라고 생각하는 사람도 있을 것이다.
　그러나 몬테소리 교육은 지금 당장 어느 가정에서든 실천할 수 있다.
　그렇다면 어떻게 가정 육아에 적용하면 좋을까?

　지금부터 가정에서 몬테소리 교육을 육아에 적용할 때의 주요 포인트에 대하여 살펴보자.

❶ 환경을 만든다
❷ 아이를 관찰한다
❸ 부모가 본보기를 보인다
❹ 지켜본다

가정에서 아이를 키울 때는 이 4가지 포인트를 의식한다.
그러면 지금 당장이라도 가정에서 몬테소리 교육에 따른 육아를 실천할 수 있다.

몬테소리식 육아의 4가지 포인트

지금부터 각각의 포인트에 대하여 자세히 살펴보자.

❶ 환경을 만든다

아이의 '지금 하고 싶다'는 욕구를 채울 수 있는 것을 준비한다

몬테소리 교육은 환경을 통해 아이의 성장을 돕는다.
아이에게 '하고 싶다'는 욕구가 있어도 그것을 채워 주는 환경이 아니라면 아이는 그 에너지를 발휘하지 못하고 만족하지 못한 채로 끝나 버린다.

따라서 아이의 '지금 하고 싶다'는 욕구가 이루어질 수 있는 환경을 마련해 줄 필요가 있다.

몬테소리 교육이라고 하면 '교구'가 유명한데 이 교구도 환경의 일부이다.

그렇다고 가정에서 모든 교구를 갖출 필요는 없다.

환경을 만드는 데 중요한 것은 부모가 아이를 관찰하고, 아이가 '지금' 하고 싶어 하는 것을 할 수 있게 필요한 것을 준비해 주는 일이다.

예컨대 아이가 티슈를 자꾸 뽑는 행동을 보일 때 "안 돼! 아깝잖니" 하고 티슈 상자를 빼앗는 게 아니라 반복적으로 티슈를 '뽑는' 동작을 경험할 수 있는 활동을 아이의 공간에 마련해 주는 것이 포인트다(이를테면, 손수건 몇 장을 길게 묶어 밀폐용기 안에 넣고 잡아당겨서 뽑는 활동으로 대체한다).

그렇게 함으로써 아이가 '지금' 하고 싶은 것을 만족할 때까지 충분히 할 수 있게 한다. 그 결과로서 아이는 획득하려는 힘을 자신의 것으로 만들고 만족감과 자신감을 느낄 수 있다.

아이가 쉽게 사용할 수 있는 환경을 만든다

또한 물건을 갖춘다는 측면뿐 아니라 아이가 자신의 힘으로 생활할 수 있는 환경을 마련해 주는 것도 중요하다.

가정에서는 화장실의 세면대나 물건의 높이와 배치 등 대부분이 어른들이 쾌적하게 지낼 수 있도록 어른의 신장에 맞추어 설계되고 설정되어 있다.

우선은 아이가 사용하는 용품이나 도구를 아이 혼자서도 꺼낼 수 있는 위치와 높이에 배치한다.

또한 아이가 사용하는 용품이나 도구가 유아용 크기인지, 아이의 손에 잘 맞는지도 살필 필요가 있다.

아이가 혼자 힘으로 할 수 있도록, 힘들어하는 부분이나 부모의 손을 빌리지 않으면 할 수 없는 것에는 높이나 크기, 물건의 양이나 배치를 바꾸어 준다.

이처럼 지금 아이가 하고 싶은 일을 할 수 있게 물건을 준비하여 혼자서 생활할 수 있는 환경을 마련해 주면 가정에서도 몬테소리 교육을 실천할 수 있는 것이다.

'환경'을 통해 간접적으로 지원한다

적절한 환경이 마련되지 않으면 부모가 아이에게 가르친다고 하는 일방적인 구도가 되어 버린다.

그러나 환경을 통해 '환경'–'아이'–'부모'의 삼각관계가 균형을

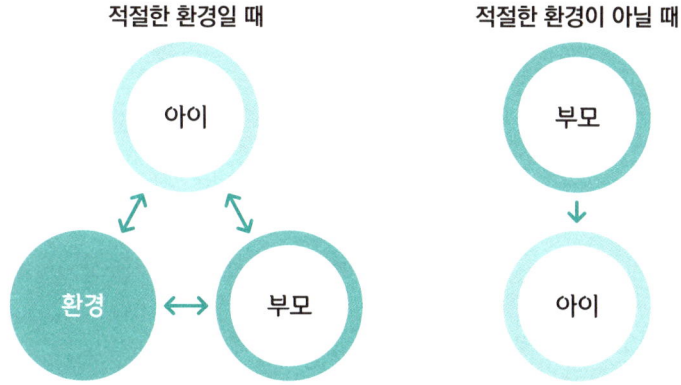

이루면 부모는 아이에게 일방적으로 가르치거나 꾸짖지 않고도 간접적으로 아이의 성장을 도울 수 있다.

적절한 환경에서 아이 스스로 만지고 느끼고 체험함으로써 혼자서 발달해 나갈 수 있도록 아이의 곁에서 지원해 주자.

❷ **아이를 관찰한다**

'무엇을 즐기고 있는지' 아이를 관찰한다

일단 적절한 환경을 마련해 주었으니 그것으로 충분한지 묻는다면, 결코 그렇지 않다.

아이의 성장을 돕는 데 있어 '아이를 이해하는 것'은 빠뜨릴 수 없다. 아이를 모르고는 적절한 도움을 줄 수 없는 것이다.

여기서 필요한 것은 아이를 '관찰하는' 일이다.

'관찰'이라고 말하면 왠지 어렵게 느껴질지 모른다.

그러나 너무 어렵게 생각하지 않아도 된다.

'지금 이 아이는 어떤 것에 흥미를 가지고 있는가?', '최근 재미있어하는 것은 무엇인가?', '반복하여 하려는 것은 무엇일까?' 이런 관점에서 아이를 바라보면 된다.

부모의 기대를 드러내지 않는다

그때 주의할 점은 '이것을 좀 더 해 보자', '이렇게 되면 좋겠다'는 식으로 부모의 바람을 전면에 내세우거나 '어차피 이 아이는 이러니까'라는 **선입견으로 봐서는 안 된다**는 것이다.

부모의 기대가 너무 크거나 선입견이 있으면 본래 아이의 모습을 파악하기 어렵다. 그리고 관찰할수록 부모 자신이 원하는 아이의 모습과 현실 속 아이의 모습에서 오는 차이에 조바심 내는 악순환에 빠질 가능성이 있다.

중요한 것은 아이가 무엇을 하고 싶은지, 지금 아이가 '스스로 성장하는 힘'으로 무엇을 얻으려는지를 부모가 감지하고 그것이 이루어지도록 곁에서 돕는 것이다.

관찰할 때는 어디까지나 긍정적으로 '지금 이 아이에게 어떤 도움을 주면 성장을 도울 수 있을까?'라는 관점에서 아이를 보자.

❸ 부모가 본보기를 보인다

<u>부모의 움직임은 아이에게는 너무 빠르다</u>

0~6세 아이에게 어떤 것을 알려 줄 때는 '실제로 본보기를 보이는' 방법을 추천한다.

먼저 이 나이의 아이는 우리 부모처럼 추상적으로 생각하지 못한다.

그럴 때는 먼저 부모가 실제로 본보기를 보여 구체적으로 알려 주면 아이도 '아하, 그렇게 하는 거구나' 하고 쉽게 이해한다.

본보기를 보일 때의 포인트는 **평소보다 7~8배 느린 동작으로 보여 준다**는 것이다.

평소 우리 어른의 속도로 순식간에 보여 주며 '이렇게 하면 돼. 해 봐'라고 말해도 아이는 마치 빨리 감기라도 보는 듯 어리둥절한 표정으로 '잠깐만요! 어? 무엇부터 하면 돼요?'라고 말한다.

부모가 보여 주는 시범은 아이에게는 너무 빨라서 아이가 정보를 제대로 파악하지 못하고 결국엔 어떻게 하면 좋을지 알 수 없는 상황이 되어 버린다.

우리 어른에게는 아무것도 아닌 일상의 동작 하나하나는 어린아이에게는 한 번도 실제로 해 본 적 없는 새로운 동작이다.

그러므로 그 동작에 초점을 맞추어 천천히 시범을 보인다.

그렇게 시범을 보여 주면 아이는 그 동작을 자신의 것으로 받아들이고 흉내 내어 아웃풋을 할 수 있게 된다.

동작과 말을 따로따로 전한다

아이에게 쉽게 알리는 또 한 가지 포인트가 있다.

그것은 **동작과 말을 따로따로 전하는 것**이다.

"여기를 잡고, 이렇게 해서 여기를 지나지? 그러면 이쪽을 잡고서~, 여기에 넣는 거야! 자, 할 수 있지?" 하고 동작과 말을 동시에 전달하면 아이는 말에 집중해야 할지, 동작에 집중해야 할지 알 수 없게 된다.

시각과 청각 두 감각기관을 통해 들어오는 정보를 한꺼번에 받아들이는 것은 아이의 연령이 낮을수록 어렵다.

따라서 **우선 '지금부터 엄마가 먼저 해 볼게. 잘 봐' 하고 말하고 나서 천천히 동작만을 시범으로 보여 준다.**

그런 뒤에 말로 설명하면서 다시 한번 천천히 시범을 보이는 것도 좋다.

이렇게 동작과 말을 따로따로 알려 줌으로써 아이는 어떻게 하면 좋은지 그 방법을 이해하고 혼자 해 본다. 그것이 아이의 '해냈다'는 성취감으로 이어진다.

❹ 지켜본다

아이가 실패에서 배울 기회를 빼앗지 마라

마지막 포인트는 '지켜보는' 것이다.

물론 말로 하기는 쉽다. 실제로 도우려는 손을 거두고 참견하고 싶은 것을 참기란 결코 쉬운 일이 아니다. 왜냐하면 우리 부모는 아이보다 경험치가 높고 여러 가지를 알고 있기 때문이다.

부모로서 눈앞에서 아이가 잘하지 못하거나 실수할 것 같으면 참견하고 바로잡아 주고 싶은 것이 사실이다. 그래서 그 즉시 아이를 가르치고 싶어서 몸이 근질거린다.

그러나 여기서는 일단 꾹 참아야 한다.

우리 어른의 인내력을 보여야 할 때다.

우리 어른도 지금까지 많은 실수를 해 왔다. 작든 크든 실수를 하고 여러 가지 경험을 쌓으며 여기까지 발달해 왔다.

아이의 성장에 있어 중요한 것은 '잘하도록 부모가 대신해 주는 것'이 아니라 '아이가 스스로 할 수 있게 되는 것'이다. 그것은 실수나 잘못에 대해서도 다르지 않다.

  따라서 아이가 잘못한 것을 일찌감치 알아차리고 실수하지 않게 돌다리도 두드리는 심정으로 선수 쳐서 실패를 미연에 방지하는 게 아니라, 아이가 혼자서 무엇이 잘못됐는지 깨닫는 순간을 기다리는(지켜보는) 태도가 필요하다.

 핵심포인트
- 환경을 통해 아이의 성장을 돕는다.
- 아이에게 알려 줄 때는 7~8배 느린 속도로 천천히 보여 준다.
- 중요한 것은 부모가 지켜보는 가운데 아이 스스로 할 수 있게 되는 것이다.

2장

초조와 불안! 흔한 육아 고민과 그 대응

나쁜 부모는 없다
– 초조해도 불안해도 OK!

▼ 화냈다고 나쁜 부모는 아니다

"그러면 아이가 스스로 할 때까지 기다리지 못하고 화를 내는 부모는 나쁜 걸까요?"

이런 고민으로 상담해 오기도 한다. 아이는 무슨 일이든 곧바로 잘할 수 없다는 걸 알면서도 조급한 마음에 아이가 스스로 행동할 때까지 기다리지 못하고 시키는 대로 하라며 화를 낸다.

어느 어머니는 어린이집에서 돌아오는 길에 집에 가기 싫다며 버티는 두 살 아들에게 화가 나서 아이를 그냥 길에 두고 혼자 집에 와 버렸다. 물론 얼마 지나지 않아 아이가 걱정되어 돌아갔고, 길 위에서 엉엉 울고 있는 아이와 그 옆에서 걱정스러워하는 어느 아주머니의 모습이 보였다. 그 광경을 보고 어머니는 "나는 어머니로 실격!"이라며 자기혐오에 빠졌다고 한다.

평소 같으면 부드럽게 아이를 대했을 테지만 마음에 여유가 없거나 뭔가 삐걱거리고 무겁게 짓누를 때는 스스로 감정을 제어할 수 없어 무심코 화를 낸다. 그리고는 자기반성에 빠지고 후회한다.

그런 일상 속에서 갈등하는 어머니, 아버지는 적지 않다.

먼저 그런 부모에게 하고 싶은 말은, 몬테소리 교육에서는 육아에 있어 '결코 나쁜 부모가 아니'라는 것이다.

아이에게 화내고 조바심이 난다고 하여 어머니 실격, 아버지 실격은 아니다.

중요한 것은 그것을 '당연한 것으로 어쩔 수 없다'고 자포자기하는 게 아니라, 육아라고 하는 아이의 성장을 돕는 작업에 중요한 것은 무엇인지 부모 자신이 할 수 있는 것은 무엇인지 의식하는 것이다.

그리고 **아이가 불가능한 것은 무엇인지를 인식하고, 자신에게 필요한 것이 무엇인지를 판별해 시행착오를 되풀이하는 게 그 무엇보다 중요하다는 사실을 잊어서는 안 된다.**

매일 100점짜리 부모가 아니라도 좋다

누구든 부모가 되기 전에는 자신을 우선으로 하여 살아왔다.

그런데 부모가 되면 갑자기 자신의 생각이나 욕구, 감정, 행동, 시간 등 여러 가지를 뒤로 미루고 아이를 최우선으로 해야만 하는 일이 많아진다.

그런 가운데 갈등이 생기고 인내심의 한계를 느끼면서 자기혐오에 빠지기도 한다.

그러나 그런 경험을 통해 부모도 한 사람의 인간으로서 성장해 나갈 수 있다.

매일 100점 만점의 부모가 아니라도 괜찮다.

실수해도 좋다. 생각대로 되지 않는 날이 있더라도 매일 100점을 목표하는 게 아니라, **1~2주 정도로 길게 보고 스스로 납득할 수 있는 상태를 만들어 간다.**

그만큼 길고 느긋한 시점에서 보기를 바란다.

인생을 자신의 두 발로 살아가기 위해 밑바탕을 만드는 유아기이기에 이 세상과 자신이 있는 환경을 신뢰하고 자신을 사랑하는 마음을 키우는 것이 중요하다.

그러기 위해서 부모는 좋은 양육 태도로 아이를 돌봐야 한다. 그런 부모의 태도, 의식, 노력이 필요하고, 그 부모의 양육 방식은 반드시 아이의 마음을 성장시키며 자립할 수 있게 돕는다.

다음 장부터는 어머니, 아버지가 느끼는 흔한 고민에 대하여 어떻게 대응하면 좋은지에 중점을 두고 이야기해 보려고 한다.

아이를 존중하고 믿는다는 건 대체 어떤 육아 태도를 말하는 것인지를 이해하게 될 것이다.

우선 각자 할 수 있는 것부터 육아에 도입해 보자.

 핵심포인트

- 매일 완벽한 100점짜리 부모가 아니어도 괜찮다.
- 아이의 성장을 돕는 데 중요한 것은 무엇인지, 부모로서 자신이 할 수 있는 것과 하지 못하는 것은 무엇인지를 정확히 파악하는 것이 중요하다.
- 항상 아이에게 부정적인 말을 하거나 태도를 보이지 않도록 주의한다.

스스로 하지도 않고 말을 해도 안 듣는 아이
– 아이에게 전해지는 말하기와 환경 만들기

▼ 아이에게도 나름의 사정이 있다

일상적인 외출 준비나 정리를 아이가 스스로 하지 않는다. 부모가 '목욕하자'고 말해도 좀처럼 움직이지 않는다. '가지고 놀았던 장난감을 치우자'고 말해도 정리하려고 하지 않는다.
하루하루 일상생활을 수월하게 보내고 싶은 부모에게 뜻대로 움직여 주지 않는 아이는 머리 아픈 고민거리 중 하나다.

부모는 '○시까지는 집을 나서야 한다', '목욕하고 잠잘 준비를 한 뒤 ○시까지는 잠자리에 들어야 한다'는 앞으로의 일들을 생각하며 행동한다.

그런데 <u>이 시기의 아이들은 '지금'을 살고 있다.</u>

5세 즈음이 되면 조금씩 앞선 미래의 일들을 미리 생각하고 행동할 수 있게 되지만, 그래도 여전히 '지금' 눈앞에 있는 것에 자신의 모든 에너지를 쏟는 시기이다.

그 결과, 항상 조금 뒤에 있을 일들을 생각하고 행동하려는 부모와 지금을 사는 아이 사이에 틈이 생기게 된다.

그러나 <u>우리 부모에게 사정이 있듯 아이에게도 사정이라는 것이 있다.</u>

예를 들어 어른이 책을 읽는 상황을 머릿속에 그려 보자. 곧 클라이맥스로 치닫는 중요한 부분을 읽고 있을 때 "지금 바로 식사를 준비해 주세요"라는 말을 듣는다면 어떨까? "잠깐만요. 조금만 더 읽고 준비할 테니 잠시 기다려 주세요"라고 말하지 않을까?

그런데 아이에게는 지금 당장 말한 대로 행동하기를 바란다.

아이에게도 사정이 있고 아이는 '지금'을 살고 있다는 것을 조금은 의식하자.

▾ '머리로 아는 것'과 '행동하는 것'은 별개

　4세 이후가 되면 무엇을 해야 하는지 머리로는 잘 알고 있는데 아무리 말해도 행동하지 않을 때가 있다. 부모로서는 "알면서 왜 하지 않는 걸까?"라고 괜스레 조바심이 나기도 한다.
　그러나 '아는' 것과 '행동하는' 것은 엄연히 다른 이야기다.

　여러분도 이 책을 읽을 때는 '맞아. 맨날 화만 내고 싶지 않아. 내일부터는 아이를 존중하는 마음으로 대하자'고 결심할 것이다.
　그런데 실제로 아이와 마주하면 머리로 '아는' 것과 달리 감정이 앞서 왈칵 화내지는 않을까?
　그것은 아이도 별반 다르지 않다.

▾ 스스로 생각하고 행동하는 힘을 키우는 6가지 포인트

　그렇다면 아이 스스로 생각하고 행동하기 위해 우리 부모는 어떤 양육 태도를 가지면 좋을까?
　포인트는 다음의 6가지이다.

❶ 부탁하거나 제안하는 듯이 말한다
❷ 말로만 하는 것이 아니라 부모가 먼저 본보기를 보인다
❸ 아이에게 결정권을 넘겨주어 아이가 스스로 결정했다고 느끼도록 한다
❹ '질문형'으로 말한다
❺ 해야 할 것을 '시각화'한다
❻ 아이 힘으로 해낼 수 있는 환경을 만든다

차례대로 자세히 살펴보자.

❶ 부탁하거나 제안하는 듯이 말한다

아이가 '제대로 잘하기'를 바라는 우리 부모는 무심코 지시하듯이, 시키듯이 말한다.

그러나 아이도 어디까지나 인격이 있는 사람으로, 우리 부모와 대등한 입장에 있다는 점을 잊어서는 안 된다.

아이를 존중하는 마음을 표현하기 위해서라도 일방적인 지시나 명령이 아닌 '부탁이나 의뢰, 제안하는' 말투로 바꿔 보자.

'빨리 해!' → '지금 집을 나가야 하는데 신발을 신어 볼까?'
'치워!' → '이것을 책장에 다시 놓아 줄래. 부탁해.'

'잘 봐!' → '여기를 보면서 물을 따르면 흘리지 않고 물을 컵에 따를 수 있지.'

이런 식으로 말투만 바꿔도 아이는 부모의 말을 '들으려고' 마음의 문을 연다.

예컨대 우리 어른도 '이렇게 해라!', '저렇게 해라!'라고 일방적으로 지시하거나 명령하는 상사나 선배보다 '지금 시간 괜찮아? 이걸 좀 바꿨으면 하는데 부탁해도 될까?' 하고 이쪽을 배려하는 태도로 말하는 상사나 선배에게 호감을 느끼며 믿고 따른다.

이것은 부모와 아이의 관계에서도 다르지 않다. 아이가 부모의 말을 듣게 만들기 위해서는 아이에 대한 배려심이 필요한 것이다.

❷ **말로만 하는 것이 아니라 부모가 먼저 본보기를 보인다**

특히 0~3세 시기의 아이는 눈앞에 있는 것에 온 힘을 쏟는다.

그런 까닭에 그저 '목욕하러 가자', '치우자'고 말만 해서는 좀처럼 귀에 들어가지 않는다. '어른이 함께 그 행동을 할' 필요가 있는 것이다.

아이가 행동하기 좋은 시점에 '목욕하러 갈까? 장난감은 여기에 정리하자'고 말하면서 치울 곳으로 먼저 가 '여기에 두자'고 알려 주거나 정리할 게 많을 때는 아이와 함께 치운다.

아이 혼자서 할 수 있게 지켜보고 혼자 못할 때는 반걸음 앞선 행동으로 아이에게 시범을 보이거나 함께해 도와주면 아이의 자립으로 이어진다.

부모로서는 애쓸 것이 많은 시기로 매우 힘들지 모르지만 그런 부모의 도움은 반드시 아이의 성장에 큰 힘이 되어 준다.

3세쯤 되어 어느 정도 혼자 할 수 있게 되면 말로 전한 뒤 '엄마는 욕실 앞에서 기다리고 있을게' 하고 아이가 스스로 가야 할 장소에서 기다린다.

❸ 아이에게 결정권을 넘겨주어 아이가 스스로 결정했다고 느끼도록 한다

4세 이후의 아이에게는 스스로 결정할 수 있게 하는 양육 태도가 필요하다. 예컨대 다음과 같이 말해 보자.

'목욕하러 가야 하는데 앞으로 몇 권이면 될까?'
'시곗바늘이 5나 6, 어느 쪽에 오면 그만할까?'

이렇듯 **아이에게 결정하는 주도권을 넘겨주어 아이가 '스스로 결정했다'고 느끼도록 한다.** 그럼으로써 아이도 만족하고 자신의 결정에 책임을 느낀다. 그것은 동시에 스스로 생각하고 행동하는 힘으로 이어진다.

그때 한도가 있다면 먼저 제시하는 배려가 필요하다.

예컨대 '앞으로 몇 분이면 끝나니?'라고 물었을 때, 10분은 기다릴 수 있지만 30분 이상은 기다릴 수 없다면 '10분까지는 기다릴 수 있는데 앞으로 몇 분이면 되겠니?' 하고 처음부터 한도를 제시한다. 그러면 아이 스스로 생각하고 결정한 선택이 나중에 '역시나 그건 안 돼' 하고 부모에 의해 뒤집히는 일을 막을 수 있다.

아이가 스스로 선택해도 늘 부모가 바꿔 버리면 '어차피 내가 선택해도 바뀔 것'이라며 아이

역시 스스로 선택해야 할 필요성을 느끼지 못하게 된다.

이런 상황뿐 아니라 그날에 입을 옷이나 먹을 것, 사야 할 것 등을 **아이가 스스로 선택하는 상황에서 아이의 결정을 존중한다.** 그러한 부모의 배려가 아이의 '자기 선택력'을 키워 준다.

❹ **'질문형'으로 말한다**

아이가 해야 하는 것을 이해하고 혼자서 할 수 있는 나이가 되었다면 제안하는 듯한 말투로 바꿔 보자.

다음과 같이 '~해', '~해라'라고 일방적으로 지시하는 듯한 말투가 아닌, 아이가 스스로 생각할 여지를 둔 말투로 바꿔 보는 것이다.

'옷 갈아입어' → '요 다음은 뭘 해야 할까?'
'빨리 세수해' → '밥 먹기 전에 해야 하는 건 뭘까?'

이처럼 '질문형'으로 말하면 단순히 지시대로 행동하는 구도에서 부모의 말을 계기로 생각하고 행동하는 구도로 바뀐다.

❺ 해야 할 것을 '시각화'한다

해야 할 일을 빠뜨리거나 무심코 다른 것에 정신이 팔려서 할 일이 진행되지 않는다면 해야 하는 것을 '시각화'한다.

부모가 해야 할 일을 말로 확인시킨 뒤 시각화함으로써 아이는 자신이 해야 하는 일을 다시금 확인할 수 있어 이해도를 높일 수 있다.

예컨대 "아침에 일어나서 집에서 나설 때까지 무슨 일을 해야 할까?" 하고 매일 아침 반복되는 일이나 귀가 후와 잠자기 전에 항상 반복하는 일을 아이와 확인한다.

해야 하는 일을 종이에 적어 리스트로 만들어 보는 것도 좋다.

리스트를 눈에 잘 띄는 곳에 붙이고 아이가 한 일을 확인하면서 아이 스스로 행동하도록 지도하는 방법도 있다.

❻ 아이 힘으로 해낼 수 있는 환경을 만든다

마지막으로 환경적인 측면의 이야기이다.

입을 옷을 고르고 세수를 하고 챙겨야 하는 소지품을 준비하는 등 아이가 어린이집에 갈 준비를 할 때 '아이 스스로 할 수 있는' 환경을 마련해 주는 것이 중요하다.

예컨대 아이가 입을 옷을 고를 때도 아이의 손이 닿는 곳에, 스스로 옷장 문을 열 수 있는 곳에, 아이 옷이 종류별로 정리·수납되어 있다. 그런 환경이라면 "엄마 옷 주세요", "그 옷은 어디에 있어요?" 하고 부모에 의지할 필요가 없다.

부모의 힘을 빌리지 않고 할 수 없다면 부모의 도움을 그저 기다려야만 하거나 할 일이 많아진 탓에 아이가 그 행동을 귀찮아하게 되는 원인이 된다. **아이가 제 힘으로 할 수 있는 환경을 만들어 주면 일일이 지시하지 않아도 스스로 행동하는 힘이 키워진다.**

또한 텔레비전도 환경 중 하나이다. 텔레비전이 켜져 있으면 아무래도 거기에 주의가 쏠려 아이는 자신이 지금 하려는 일을 잊기 쉽다. 해야 할 일에 아이의 주의가 향하도록 하기 위해서라도 텔레비전 시청 시간을 정해 둘 필요가 있다.

- 지시, 명령을 '부탁, 의뢰, 제안'의 방식으로 바꿔 보자.
- 말만 하는 것이 아니라 부모가 함께 시범을 보인다.
- 아이가 혼자서 끝까지 해낼 수 있는 환경을 만든다.

요구가 통하지 않으면 떼쓰는 아이

– '싫어, 싫어' 칭얼거릴 때의 대응

♥ '싫어싫어기(반항기)'는 어떤 시기?

 1세 반 즈음부터 자아가 형성되면 부모의 생각처럼 행동하지 않는 일이 많아진다. 그리고 자신의 요구가 받아들여지지 않으면 짜증을 낸다.
 아이가 짜증을 내면 부모는 기운이 쭉 빠진다.

 1세 반 무렵에 시작되어 2세가 되면 본격적으로 '싫어싫어'를 입에 달고 사는 '반항기(그래서 '싫어싫어기'라고도 한다)'에 들어선다. 뭐든 부모에게 반항하는 까닭에 2세를 '마(魔)의 2세 아동'이라고 부르기도 한다.

그런데 이 시기가 진짜로 '마(魔)'의 시기일까? 아이는 그저 '싫어, 싫어'라고 말하는 것일까?

먼저 '싫어싫어기'가 어떤 시기인지를 알면 아이에 대하여 이해할 수 있다.

♥ 어머니한테서 자신을 분리하는 변혁기

이 시기는 아이가 미지의 세계에 태어난 후 마음의 이정표로 삼았던 '엄마'라는 존재로부터 자신을 분리하는 시기이다. 자립을 목표로 한 걸음을 내딛는 매우 중요한 시기로, 아이는 거대한 변혁기를 맞이한다.

태어난 후 1세 무렵까지는 늘 엄마가 곁에 있어 자신과 엄마의 경계가 명확하지 않은 상태에 있다.

그런데 자신의 배를 바닥에 대고 팔다리로 이리저리 방향을 바꿔 가며 기어서 혼자 이동할 수 있게 되면 조금씩 '어? 나랑 엄마는 다르구나?' 하는 사실을 깨닫게 된다. 자아가 싹트는 것이다.

이 시기 아이의 마음속에는 큰 변혁기가 찾아온다.

걷게 되면서 물리적으로 엄마에게서 분리된다.
그 다음에 '자신'이라는 존재를 깨닫고 '자아'가 싹튼다.

자신의 두 다리로 걷게 되고 부모에 의지하지 않고도 이동할 수 있게 되면 물리적으로 떨어져 있는 시간이 길어지고 그 생각은 한층 더 강해진다.

그러면 아이는 '엄마와 나는 하나'라는 생각에서 빠져나오기 시작한다.

그리고 <u>3세 무렵까지 아이는 시간을 들여 서서히 어머니로부터 자신을 분리한다.</u> 그 분리 작업을 아이 스스로 이루어 내는 시기가 '싫어싫어기'인 것이다.

💧 아이는 온 마음으로 '자립'하고 싶다

이 시기는 '제1차 반항기'로 불린다. 그러나 '반항기'라는 것은 어디까지나 부모의 시점에서 본 것이다.

태어난 이후 지금까지 옷 갈아입히기나 외출 또는 귀가 시간은 아이를 배려하면서도 대개는 부모의 사정에 맞춰 수월하게 진행되어 왔다.

그런데 1세 반 무렵이 되면 옷을 갈아입히려고 해도 '싫어', 외출하려고 해도 '싫어', 집에 돌아오려고 해도 '싫어'라고 말한다.

지금까지는 그다지 시간을 들이지 않고 척척 진행되었던 상황에 쓸데없이 오랜 시간이 걸리고 부모의 생각대로 진행되지 않는다.

그 원인이 아이의 '싫어', '아니야' 하는 반항하는 모습에 있어서 우리 어른은 '반항기'로 보는 것이다.

그러나 아이는 결코 반항심에서 부모를 곤혹스럽게 만들려는 의도는 없다. **오로지 자립하고 싶다는 마음뿐이다.**

♥ '싫어싫어기'의 6가지 포인트

이 시기의 아이는 '자아가 싹트는' 동시에 싹튼 '의지'를 마음껏 사용하고 싶어 견딜 수 없다.

부모가 '○○ 하자'고 꼬드기면 '싫어'라고 온 힘을 다해 자신의 '의지'를 발휘하려고 하는 모습을 보이는 것도 그 때문이다.

그렇다면 그런 '싫어싫어기'에 부모는 어떤 양육 태도로 아이의 자립을 도울 수 있을까?

'싫어싫어기'는 다음의 6가지 포인트를 의식하여 대응하는 것이 좋다.

❶ 미리 그만해야 할 때를 알린다
❷ 다음에 있을 즐거움을 알린다
❸ 협력을 요청하고 부탁한다
❹ 아이의 생각을 받아 준다
❺ 해도 되는 일, 하면 안 되는 일을 명확히 제시한다
❻ 그리고 기다린다

공원에서 집으로 돌아오는 상황을 예로 들어 하나하나 자세히 이야기해 보자.

❶ 미리 그만해야 할 때를 알린다

먼저, 아이가 '싫어, 싫어' 하고 떼쓰기 전의 포인트다.

놀고 있는 아이에게 갑자기 '이제 그만 집에 가자', '놀이 끝'이라고 말하면 아이는 아직 마음의 준비가 되어 있지 않은 탓에 놀이를 그만두는 데 시간이 걸린다.

그러므로 "조금 뒤에 돌아가자"라고 미리 알려 준다. 그렇게 하면 <u>갑자기 '돌아가자'는 말을 들었을 때보다 빠르게 마음의 전환이 이루어져 수월하게 놀이를 그만둔다.</u>

이제 집으로 돌아갈 시간이 되었다면 "지금 하는 것이 끝나면 돌아가자", "미끄럼틀 한 번만 더 타고 돌아갈까?" 하고 놀이를 중단해야 할 타이밍을 명확히 제시한다.

❷ **다음에 있을 즐거움을 알린다**

그리고 "산책하면서 집으로 가자. 어떤 멋진 걸 발견하게 될까?", "자전거가 있는 곳까지 엄마랑 달리기할까?", "집에 가면 ○○ 하고 놀자!" 하고 다음에 있을 즐거움을 알린다.

아이가 어리면 앞으로 있을 일을 예측하고 행동할 수 없다.

그러므로 <u>다음에는 어떤 일을 할지, 어떤 즐거움이 있을지를 말해 줌으로써 수월하게 행동을 전환할 수 있도록 돕는다.</u>

❸ **협력을 요청하고 부탁한다**

앞서 말했듯이, 아이에게 말할 때는 일방적인 지시가 아닌 협력을 요청하거나 부탁하는 말투로 의식적으로 바꿔 보자.

어느 연령의 발달단계든 아이를 존중하는 마음을 바탕으로 하는 양육 태도를 가져야 하지만, 특히나 이 시기에는 한 사람의 인간으로서 존중하는 양육 태도가 필요하다.

❹ 아이의 생각을 받아 준다

이처럼 미리 의식적으로 대응해도 아이가 '싫어, 싫어', '돌아가지 않을래' 하고 울며 떼쓰기도 할 것이다.

그럴 때는 먼저 아이의 생각을 받아 준다.

"집에 가기 싫구나. 그렇게 재미있어?", "좀 더 놀고 싶구나"라고 **아이가 하는 말, 아이의 생각을 그대로 되풀이하여 말해 본다.**

물론 아이가 무엇을 싫어하는지 도저히 모를 때도 있을 것이다.

그때는 그저 "싫구나" 하는 말만으로 충분하다. '너의 그 마음, 엄마도 안다'는 걸 아이에게 전하는 것이 중요하다.

아이는 무작정 자신의 감정을 폭발시키는 게 아니다. 가장 사랑하고 믿는 엄마 아빠에게 자신의 마음을 "알아 달라"고 주장하는 것이다.

하지만 아직 어리기 때문에 자신의 감정을 제어하고 엄마 아빠에게 차분히 말로 전달할 수도 없다. 그렇기 때문에 부모가 아이의 마음을 헤아려 받아들이며 "네 마음은 알아" 하고 아이에게 공감하는 게 중요한 것이다.

❺ **해도 되는 일, 하면 안 되는 일을 명확히 제시한다**

그렇다고 아이의 자기주장을 무작정 허용하고 이루어 줘서는 안 된다.

해도 되는 것과 해서는 안 되는 것, 허용하는 것과 허용할 수 없는 것이 있다.

그때는 '더 놀고 싶구나. 그래도 지금 집에 가야 해' 하고 아이의 마음을 받아 주면서 명확히 선 긋기를 한다.

❻ 그리고 기다린다

그리고 마지막 포인트는 '기다리는' 것이다.

바쁜 엄마 아빠에게는 이것이 가장 어려울지 모른다.

부모의 서두르는 마음도 잘 알지만 시간이 허용하는 한 아이의 마음이 차분해질 때까지 기다려 준다.

부모가 잠시 기다려 주면 아이의 울음도 잦아들고 마음도 차분해진다. 그러면 아이의 곁으로 다가가 '놀고 싶었지?' 하며 아이의 마음을 받아 주고 '집에 가서 ○○ 할까?'라고 말해 본다.

▼ 하고 싶어도 못하는 것이 자제심을 키운다

눈앞에서 아이가 울음을 터뜨리는 것을 보면 빨리 그 울음이 그치기를 바란다. 아이가 떼쓰고 보채면 아무래도 주위 시선이 신경 쓰이기 마련이다.

그 심정, 너무 잘 안다. 그러나 그것을 꾹 참고 아이에게 제시한 명확한 선 긋기를 흔들림 없이 말해 준다. 그리고 시간과 장소가 허락하는 한 울며 떼쓰는 아이를 지켜보고 기다린다.

아이는 자신의 요구가 받아들여지지 않아 울며 떼쓰는 그 시간에 자신이 하고 싶은 욕구와 그럼에도 할 수 없는 현실과 어떻게든 타협하려고 노력한다.

아이는 '하고 싶은 일이 있지만, 할 수 없다'는 장벽에 부딪혀 '해도 되는 것과 안 되는 것'과 생각처럼 되는 것만 있는 게 아니라는 사실을 배운다. **벽에 부딪혔을 때 자기 생각과 제한 사이에서 적절히 타협하는 경험을 하면서 조금씩 '자신을 제어하는 힘=자제력'을 키워 간다.**

이 힘은 1장에서 살펴본 '자율'과 직결된다.

자신을 제어하는 힘, 자제심은 근육과 같아서 사용하지 않으면 단련할 수 없다. 그 힘은 어른이

되면 갑자기 얻어지는 게 아니라 유아기부터 매일 반복하고 차곡차곡 쌓여서야 비로소 가질 수 있는 것이다.

그리고 연령이 높아지면 예컨대 '더 놀고 싶지만, 이제 목욕할 시간이니 마무리하자', 학교에서 돌아오면 '놀기 전에 숙제를 끝내자' 등등 생활의 모든 장면에서 자신을 제어하고 행동하는 힘으로 이어진다.

나아가 자신을 제어하는 힘, 자제심은 자주적으로 행동하는 힘, 어떤 일을 할 때 '조금만 더 이렇게 해 보자'고 하는 시행착오를 하는 힘이나 '다시 한번 해 보자'는 끈기, 일에 몰입할 수 있는 집중력에도 영향을 미친다.

'해도 된다/하면 안 된다'의 명확한 선 긋기를 흔들림 없이 계속 말하는 부모의 태도가 아이의 자율을 돕는 것이다.

♥ 모든 것이 무용지물, 감당할 수 없을 때는

그러나 지금까지 살펴본 것을 의식하는 양육 태도로 바꾼다고 해서 모든 게 순조로운 것은 아니다. 현실은 그리 달콤하지 않아서 아이가 큰 소리로 울며 떼쓰기도 한다.

나 역시도 딸아이가 한창 '싫어싫어기'일 때는 가게든 공원이든 길 한가운데서든 주차장이든 현관문 앞이든 온갖 곳에서 "으앙~" 하고 울음을 터뜨리며 온 힘을 다하여 제 생각을 전하려는 모습에 당혹스러웠다.

그래서 현재 아이의 '싫어, 싫어'에 직면한 부모의 심정을 잘 알고 있다. '아이야, 오히려 엄마 아빠가 울고 싶은 심정이란다'라고 생각한 날도 있을지 모른다.

아이가 이미 울음을 터뜨려 도저히 어찌해 볼 도리가 없다고 느낄 때도 있다. 이때 울고 있는 아이를 그대로 내버려 둘 수도 없는데 대체 어떻게 하면 좋을까? 이런 고민을 하기도 한다.

그럴 때는 아이가 싫어해도 일단 품에 안고 다른 곳으로 이동해야 한다.

그리고 이때 의식해야 하는 것은 **아이에게 단칼에 거절하는 것**이다.

다급히 품에 안으면 가뜩이나 "싫어, 싫어" 하는 아이의 저항은 한층 거세진다.

"미안해. 그런데 이제 시간이 없으니까 그냥 안고 갈게", "안아줄게"라며 한마디로 거절하는 것이다.

♥ 대립이 아니라 응원하는 자세로

싫어싫어기에는 대다수 부모들이 자신의 태도에 대하여 고민하거나 많은 일에서 지친다.

그러는 한편 아이 역시도 훌쩍 성장하는 시기이기도 하다.

"내가 할래요! 내가 결정할게요! 하지만 엄마 아빠는 지켜봐 주세요."

그것이 싫어싫어기의 아이가 부모에게 보내는 메시지이다.

그래서 **아이를 애물단지로 취급해 아이와 대립하는 게 아니라 '네가 자립하려는 걸 응원해!' 하고 그 모습을 지지해 주며 돕는 것이 부모의 역할**이다.

그런 부모의 양육 태도가 아이의 자존감을 발달시킬 뿐 아니라 한 걸음 더 크게 성장하려고 하는, 이 싫어싫어기의 아이를 지지하는 것으로 연결된다.

 핵심포인트
- 아이의 생각을 받아 주는 한편, 해도 되는 것과 해서는 안 되는 것을 명확하게 제시한다.
- 아이와 대립하는 것이 아니라 변혁기를 맞이한 아이를 응원한다.

혼자 할 수 있는 일에도 '해 주세요!' 응석 부리는 아이

– 부모에게 의지하는 것도 '자립'을 위해 필요하다

▼ 아이 스스로 하는 힘 외에 키워야 하는 중요한 힘

사실 아이 혼자서도 충분히 할 수 있는데 "엄마가 해 주세요", "못해요!"라며 응석을 부리거나 부모에게 의지하는 모습을 보일 때도 있을 것이다.

부모의 눈으로 보면 '혼자서도 충분히 할 수 있으니까 네가 해라!'라고 생각하기도 한다.

아이를 양육하는 데 중요한 것은 1장에서 말한 바와 같이 '자립과 자율'이다.

'자립'에 있어 자기 일을 스스로 할 수 있게 되는 것 외에 또 한 가지 중요한 포인트가 있다.

그것은 **자신이 곤란하거나 자기 힘으로 도저히 할 수 없을 때, 타인에게 의지하는 힘**이다.

다른 사람에게 부탁하여 도움을 받는다, 응석을 부렸더니 받아 준다, 그런 경험을 0~6세의 유아기에 충분히 하는 게 중요하다.

왜냐하면 우리 인간은 혼자서 살 수 없기 때문이다. 혼자서 하지 못하는 일도 당연히 있기 마련이다. 때로는 다른 사람에게 응석을 부리고 서로 도움을 주고받으며 살아간다.

따라서 '혼자 하는 힘' 외에 다른 사람에게 '의지하는 힘', '도움을 청하는 힘'도 인간으로서 살아가기 위해서 유아기에 마땅히 키워야 한다.

유아기에 응석을 부렸더니 받아 주더라는 경험을 충분히 하면 '나는 도움을 받았다', '도와 달라고 하니 흔쾌히 받아 주었다'라는 감정을 가지게 된다.

그리고 그런 경험이 '다른 사람에게 도움을 청하면 된다'는 안도감으로 이어지고, 언젠가 입장이 바뀌어 곤란해하는 사람을 보면 도움을 주려는 행동으로 변한다.

▼ 응석 부리는 아이를 대하는 양육 태도의 3가지 포인트

실제로 아이가 응석을 부리거나 도움을 청할 때 부모는 어떤 태도로 대하면 좋을까? 그 대응 방법에는 3가지 포인트가 있다.

❶ '도와줄게'를 기본 태도로
❷ 아이가 선택할 수 있게 제시한다
❸ 응석 부리고 싶은 아이의 마음을 받아 준다

한 가지씩 살펴보자.

❶ '도와줄게'를 기본 태도로

양육 태도의 핵심은 '네가 하는 걸 도와줄게'라는 태도로 협력하는 것이다.

예를 들면 사실 아이 혼자서도 거뜬히 양말을 신을 수 있지만, 아이가 '못해요', '신겨 주세요'라고 말했다고 가정해 보자.

그럴 때는 '그럼 오늘은 엄마가 도와줄게'라고 말하며 양말을 벌려 아이 발 가까이에 가져간다.

그리고 "여기에 발을 넣어 봐"라고 말한 다음 실제로 양말에 발을 넣는 동작은 아이가 할 수 있게 도와준다.

처음부터 끝까지 전부 해 주는 도움이 아니라 아이가 스스로 할 수 있게 돕는 방식으로 도움을 준다.

혹은 "이쪽은 엄마가 해 줄 테니 다른 쪽은 네가 혼자서 해 볼래?" 하고 한쪽만 돕고 다른 한쪽은 아이가 직접 하게 하는 방식도 좋다.

❷ 아이가 선택할 수 있게 제시한다

그때 "어느 쪽을 엄마가 해 줄까? 어느 쪽을 네가 혼자 신어 볼래?" 하고 아이가 선택할 수 있도록 하는 방법도 추천한다.

아이가 스스로 선택함으로써 자기 선택력(의지력)이 키워진다.

인생은 선택의 연속이다. 선택지 중 무엇이 좋을지 판단하고 고르는 힘이 필요하다. 장기적인

관점에서 봤을 때, 그 힘을 획득하는 것은 자립이나 스스로 생각하는(판단하는) 힘으로 이어진다.

❸ 응석 부리고 싶은 아이의 마음을 받아 준다

아이의 나이가 어리면 어릴수록 부모가 도와주면 "더 해 주세요", "엄마가 다 해 줘요" 하고 계속 조르는 모습을 볼 수 있다.

또 졸리거나 피곤하거나 배고픈 상황에서는 특히나 더 떼쓰거나 기대는 법이다. 우리 어른도 크게 다르지 않다.

아이가 도움을 청하거나 떼쓸 때는 단칼에 뿌리치거나 거절하는 게 아니라 일단은 받아 준다. 그래도 괜찮다. 상황에 따라서는 부모가 전부 해 줘도 상관없다.

나이가 들고서도 물론 떼쓰거나 기댈 때가 있다.

그때도 '5세가 됐으니 이제는 혼자 할 수 있잖니' 하고 뿌리치는 게 아니라 도와준다.

▼ 응석을 받아 주는 것과 과잉보호는 구별한다

'응석을 받아 주다니 아이를 위해서는 안 좋지 않을까?' 하고 대응에 망설일지 모른다.

그러나 그런 망설임은 '응석을 받아 주는 것'과 '과잉보호'를 구별함으로써 말끔히 해소된다. 이 2가지는 언뜻 비슷해 보이지만, 사실은 전혀 다르다.

❶ 응석 부리다

응석을 부리는 건 신뢰하는 사람에게 자신의 생각이나 요구를 드러내는 것이다.

> **예** 사실 혼자서도 양말을 신을 수 있지만…
> **아이** "못해요! 엄마가 해 주세요."
> **부모** "그럼 엄마가 도와줄 테니, 엄마랑 같이 신어 보자."

❷ 과잉보호

과잉보호는 아이가 도와 달라고 하기 전에 부모가 앞서 해 주거나 아이의 요구에 휘둘리는 상태이다.

> **예** 아이가 부탁하지도 않았는데…
> **부모** "엄마가 다 해 줄게!" 하고 옷 갈아입는 것을 돕는다.

> **예** 간식을 사 주지 않기로 약속했지만…
> **아이** "사 줘요! 사 줘! (으앙!)"
> **부모** "사 줄 테니까, 뚝!" 하고 말하고는 간식을 사 준다.

**아이의 발달에 필요한 것은 '응석을 받아 주는' 태도이다.
반대로 '과잉보호'는 아이의 자립을 방해한다.**

아이가 응석을 부리면 자립하지 못하는 게 아닐까 하는 우려는 쓸데없다.

자립을 의식해 억지로 아이 혼자 하게 두기보다는 아이의 마음을 받아 주고 도와준다.

아이가 부모에게 의지하거나 응석을 부릴 때에는 꼭 '네가 하는 것을 도와줄게' 하는 태도로 아이의 마음을 받아 준다.

 핵심포인트
- 0~6세의 유아기에 도움을 받거나 응석을 부려 봤던 경험이 아이의 자립을 응원한다.
- 아이를 도울 때는 '네가 하는 일을 도와줄게' 하는 태도로 돕는다.
- 상황에 따라서는 전부 해 줘도 괜찮다.

여러 번 주의를 주어도 고쳐지지 않는 아이

– 아이에게 '나쁜 것'을 알리는 방법

▼ **말로만 주의를 주어서는 제대로 전해지지 않는다**

'장난감을 어지르지 마라' 하고 항상 말하지만 조금도 정리되지 않는다.

길에서 뛰지 말라고 주의를 주지만 조금도 귀담아듣지 않는다.

식사 중에는 '자리에서 일어나지 마!'라고 꾸짖어도 전혀 변화가 없다.

매일 똑같은 행동에 주의를 주지만, 아이는 전혀 달라지지 않아 짜증이 난다. '대체 몇 번을 말해야 알아듣지?', '언제쯤 이해할까?' 하고 불안했던 적은 없을까?

그렇다면 그럴 때 어떤 양육 태도로 아이를 대해야 부모의 마음이 아이에게 전해질까?

▼ 아이에게 '나쁜 것'을 알려 줄 때의 4가지 포인트

아이를 대하는 부모의 양육 태도는 다음의 4가지가 포인트다.

❶ 해 줬으면 하는 행동을 구체적으로 말하고, 시범을 보인다
❷ 아이의 눈을 보고 말한다
❸ 감정을 떼어 내고 말한다
❹ 반복하여 보여 준다

❶ 해 줬으면 하는 행동을 구체적으로 말하고, 시범을 보인다

첫 번째 포인트는 4가지 중에서 가장 중요하다.

앞서 말했듯이, 유아기의 아이는 아직 추상적으로 생각하지 못한다.

"그만!", "안 돼!" 하고 나쁜 행동을 금지하는 것만으로는 중요한, 해야 하는 행동이 무엇인지를 전할 수 없다. 금지할 뿐이라면 아이는 "그럼 어쩌면 좋을까요?" 하는 의문을 가지게 되어 자신의

행동을 바꾸기가 매우 어렵다.

구체적으로 해야 하는 행동이 무엇인지를 가르쳐 주거나 실제로 아이가 지켜보는 앞에서 부모가 시범을 보임으로써, 아이는 해야 하는 일을 이해하고 행동으로 옮기기 쉬워진다.

예컨대 다음과 같은 양육 태도로 아이를 대한다.

- "뛰면 안 돼!" → "여기는 위험하니까 걷자. 엄마랑 손잡을까?"
- "시끄럽잖아! 도서관에선 조용히 해야지."
  → "다들 책을 읽고 있으니까, 엄마처럼 작은 목소리로 말해 볼까?"
- "신발은 아무렇게나 벗으면 안 돼."
  → "지금부터 엄마가 신발을 벗을 테니까, 잘 봐"라고 말한 뒤에 현관에서 신발을 벗고 가지런히 정리하는 모습을 천천히 보여 준다.

이처럼 아이가 해야 하는 행동을 구체적으로 말로 전하거나 실제로 부모가 시범을 보여 줌으로써 '주의'하는 양육 태도에서 아이에게 '전달'하는 것으로 변화한다.

❷ **아이의 눈을 보고 말한다**

이어서 두 번째 포인트에 대하여 살펴보자.

눈을 보고 말한다는 것은 아이에게 말을 할 때마다 언제나 아이의 눈을 보면서 전해야 한다는 것이 아니다. 아이가 들을 준비가 된 후에 이야기해야 한다는 의미이다.

아이의 관심이 아직 부모에게 향하지 않은 상태에서는 아무리 말을 해도 사실은 아이가 전혀 듣지 않는 일이 벌어진다. 그러면 부모로서는 애쓴 보람도 없이 아이의 변화가 보이지 않아 "대체 몇 번을 말했는데도 전혀 듣지를 않니!" 하고 짜증이 난다.

그런 일을 피하기 위해서는 본론으로 들어가기 전에 잠시 아이의 주의를 환기시킬 이야기부터 시작해 본다.

"○○야, 있잖아."라고 아이를 부른 뒤에 이야기를 시작한다.
"지금 괜찮아?", "뭘 하고 있는데 미안해"라며 양해를 구한 뒤에 이야기를 시작한다.

또한 아침이나 저녁처럼 바쁜 시간에는 멀리 떨어진 데서 아이를 보지 않은 채 주의를 주거나 말을 하기도 할 것이다.

그때에도 '부모의 말을 들을 자세가 되어 있는지'를 확인한 뒤 이야기하기만 해도 아이에게 분명히 전해진다. 말을 걸기 전에 잠시 멈춰 서서 먼저 아이의 모습을 확인한 뒤에 이야기한다.

❸ **감정을 떼어 내고 말한다**

세 번째 포인트는 감정적이 되지 않는 것이다.

감정에 복받쳐 "네 맘대로 해!", "몇 번을 말해야 알아듣겠니!" 하고 화를 내도, 유감스럽지만 아이에게 전해지는 정보는 "엄마가 화났다" 또는 "아빠를 화나게 했다"는 것뿐이다. 그러니 화난 채로 말하지 않도록 부모가 자신의 감정을 제어하는 것이 중요하다.

<u>자립을 목표로 키워야 하는 힘은 '부모에게 주의받은 뒤에 하는 힘'이 아니라 '스스로 생각하고 행동하는 힘'이다.</u>

아이에게 주체적으로 행동하는 힘을 키워 주기 위해서는 주의를 주어 움직이게 하는 게 아니라 감정을 떼어 내고 해야 하는 행동을 차분히 구체적으로 전달하는 것이 필요하다.

아이의 행동에 반응하여 곧바로 말하거나 무언가 말하고 싶은

게 있는 경우에는 말을 하기에 앞서 한차례 심호흡을 한다.

아니면 일단 그 자리를 떠나는 것도 좋다.

주의해야 할 아이의 모습을 눈앞에서 지켜보면서 냉정해지기란 결코 쉬운 일이 아니다.

따라서 우선 그 자리에서 벗어나 일단 마음을 차분히 가라앉히거나 다른 일을 생각함으로써 왈칵 치밀어 오르는 감정을 입 밖으로 내뱉지 않도록 마음을 진정시킨다.

❹ 반복하여 보여 준다

유아기의 아이는 자신의 욕구를 제어하고, 해도 되는 일과 하면 안 되는 일을 판단하고 행동하는 힘을 부지런히 키우고 있다. 이 시기에는 아직 추상적인

사고를 하지 못하지만 '흡수하는 힘'은 있다. 그 힘 덕분에 흉내 내는 데에는 매우 능숙하여 부모가 시범을 보이면 아이는 그것을 스펀지처럼 흡수한다.

하지만 단 한 번으로 가능한 일은 아니다. 따라서 **여러 번 반복하여 전하고 시범을 보이는 자세가 필요**하다. 이것이 마지막 포인트이다.

부모로서는 조금 인내심이 필요한 일일지 모르지만, 부모의 그런 태도가 아이의 성장을 돕고 아이가 자신의 발로 인생을 걸어가도록 한다.

 핵심포인트

- 아이가 해야 하는 좋은 행동을 구체적으로 전달하거나 직접 시범으로 보인다.
- 아이가 들을 준비를 할 수 있게 주의를 환기시킨 뒤에 말한다.
- 화난 상태로 말하지 말고 마음을 차분히 가라앉힌 뒤에 말할 것을 의식한다.
- 몇 번이고 시범을 보여 주려는 자세가 중요하다.

무심코 도와주거나
참견하기 전에
― 우선 아이의 '자신감'을 키운다

▼ **아이에게 맡길 수 있는 용기를 가진다**

　아이가 실수하지 않도록 일일이 아이의 행동을 제지한다. 이를테면, 실수할 것 같으면 재빨리 도움의 손길을 내밀거나 미주알고주알 일러 주는 경험은 없는가?

　컵에 음료를 따르려고 할 때 "흘릴지 모르니까 엄마가 따라 줄게"라고 말한다.

　가위로 무엇을 자르려고 할 때 "위험해", "여기를 잘 잡아야 해" 하고 참견을 한다.

　차를 엎지르거나 가위질이 서투를 때 "거봐, 엄마가 말했잖니",

"잘 보면서 하라고 했지"라며 핀잔을 주기도 한다.

그러나 유아기는 장차 살아갈 인생을 위한 '인간으로서의 토대(인격, 정신)'를 창조하는 시기이다.

자립하기 위해서 지금 여러 가지를 '할 수 있게' 되려고 힘을 쏟는 시기이다.

부모만큼 경험치도 실패했던 체험도 없다. 모든 게 부족하지만 아이 나름으로 '해냈다!'는 경험을 수차례 반복하는 가운데 부모에게 인정받고 조금씩 부모처럼 잘하게 된다.

그렇게 되기까지의 과정은 서투르고 엉망진창이라서 부모에게는 그 어떤 것보다 인내심이 가장 필요하다. 하지만 그것이 **자립으로 가는 과정**이다.

따라서 아이의 자립을 위해 아이에게 맡겨서 스스로 경험하도록 하는 것이 중요하다.

가령 부모로부터 90퍼센트의 도움을 받았다고 해도 아이 스스로 '해냈다'고 느끼는 성취감이나 만족감을 높이고 자신감을 키우는 것이 중요하다.

아이가 "엄마, (혼자서는 못 하니까) 해 주세요!" 하고 부탁하지 않는 경우에나 아이가 스스로 '해냈다!'고 생각하는 경우에는, 가능한 한 부모가 지도하거나 아이가 보는 앞에서 시범을 보이며 고쳐 주려는 것은 피한다.

▼ 아이의 자신감을 키우는 5가지 포인트

그렇다면 아이가 '해냈다'고 느끼는 경험을 쌓고 자신감을 키우기 위해서는 어떤 양육 태도가 필요할까?
여기에는 다음의 5가지 포인트가 있다.

❶ 은근슬쩍 도와준다
❷ 스스로 바로잡을 수 있게 돕는다
❸ 실패를 만회할 방법을 알리고 환경을 만들어 준다
❹ 참견하거나 도와주고 싶어 손이 근질거린다면 3초를 센다
❺ 간단히 인정한다

하나하나 자세히 살펴보자.

❶ 은근슬쩍 도와준다

아이가 어떤 것을 할 수 있기 위해서는 먼저 성공 체험을 쌓는

것이 중요하다. 작은 일이라도 '해냈다'고 느낄 수 있는 경험을 어릴 적부터 쌓아 가는 것이 필요하다.

신발을 신는다, 옷을 입는다, 이런 일상의 동작 하나하나에도 '혼자 했다!'고 느낄 수 있도록 곁에서 자연스레 돕는다.

예컨대 옷을 입을 때도 부모가 옷을 걸쳐 주고 마지막으로 옷깃 밖으로 얼굴을 쏙 내미는 것은 아이에게 맡긴다.

그렇게 함으로써, 부모가 대부분을 도왔지만 옷깃 밖으로 얼굴을 쏙 내미는 마지막 단계를 아이 스스로 함으로써 이미 이것은 '혼자서 해낸' 일이 된다.

❷ **스스로 바로잡을 수 있게 돕는다**

몬테소리 교육에서는 '실패'를

단순히 실패로 보지 않는다.

실패야말로 아이가 성장할 수 있는 가장 큰 기회이기 때문이다.

그것을 위해 필요한 것은 아이 스스로 실수를 알아차리고 바로잡는 것이다.

예컨대 아이가 단추를 채울 때나 퍼즐을 맞출 때 아이가 잘못한 부분을 부모가 먼저 알아차렸다고 해도 "여기 잘못했네" 하고 직접적으로 지적하지 않는 것이다.

아이가 스스로 잘못한 부분을 알아차리고 다시 한번 도전하게 한다. 그럼으로써 실패가 성공에 이르는 과정을 거치기 때문이다.

'실제로 해 보고 잘못을 알아차리고 스스로 잘못을 바로잡아 성공한다.'

혼자 할 수 있게 되기 위해서는 이 같은 과정을 경험할 필요가 있다.

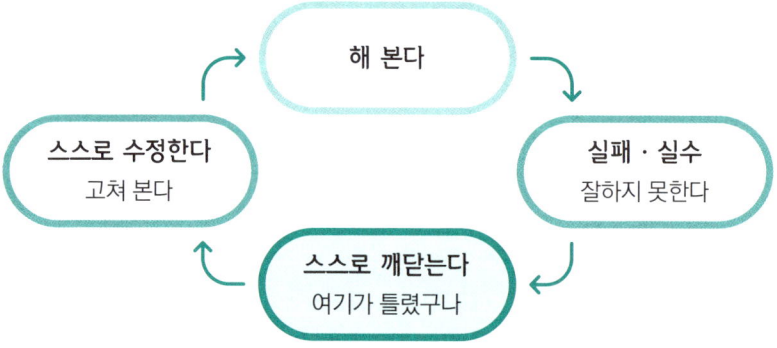

이 사이클을 부모가 가르쳐 주는 것이 아니라 아이가 몸소 체험하는 것이 중요하다.

❸ 실패를 만회할 방법을 알리고 환경을 만들어 준다

일상생활 속에서 아이가 무엇을 엎지르거나 깨는 실수를 했을 때 어떻게 처리하는지 그 방법을 부모가 직접 구체적으로 시범을 보인다.

예컨대 물을 쏟았다면 다음에 어떤 행동을 해야 하는지를 아이에게 보여 준다.

- 엎질러진 물을 행주나 걸레로 닦는 방법을 보인다.
- 걸레나 행주를 빠는 방법, 물기를 짜는 방법을 보여 준다.
- 어디가 더러운지를 알린다.

그리고 다시 똑같은 실수를 했을 때 아이 스스로 뒤처리할 수 있게 아이의 손이 닿는 곳에 걸레나 행주를 놓아 두어 아이가 스스로 할 수 있는 환경을 만들어 주는 것도 중요하다.

❹ 참견하거나 도와주고 싶어 손이 근질거린다면 3초를 센다

그래도 아이가 눈앞에서 실수를 하거나 서툰 모습을 보이면 무심코 손이 움찔거리고 입이 근질거린다.

그러나 무슨 일이든지 처음부터 잘할 수는 없다. **아이는 자신의 자립을 위해 바로 지금 '도전과 실수'를 반복하고, 실패를 통해 배워서 '해내는' 과정의 한가운데 있다.**

'혼자서 할 수 있다'는 자신감도, 실수가 허용되는 안도감도, '하고 싶다'고 하는 욕구가 채워진 뒤의 만족감도, 잘못을 알아차리는 힘도, 실수한 뒤에 다시 도전하는 힘도, 바로 '지금' 왕성히 키워지고 있는 것이다.

그러니 무심코 제동을 걸고 싶더라도 도와주고 싶어 손이나 입이 근질거리더라도 일단 마음속으로 하나, 둘, 셋을 세며 잠시 기다려 준다.

이 3초가 있기에 쓸데없는 간섭을 막고 아이가 '해냈다'는 자신감과 성취감을 느끼도록 응원할 수 있다.

❺ 간단히 인정한다

그리고 아이가 혼자 해냈다며 기뻐할 때에는 "혼자 했구나! 너무 기쁘네", "아빠도 봤어. 참 잘했구나"라고 **아이의 행동과 노력을 간단히 인정하고 아이의 마음에 공감**해 준다.

'훌륭해', '대단하네', '착한 아이'라고 칭찬하지 않으면 어쩐지 부족하다고 느껴질지 모른다. 그러나 부모의 칭찬하는 행위 뒤에는 아이를 부모의 뜻대로 움직이려는 의도가 감춰져 있기도 하다.

그러면 아이가 '부모에게 칭찬받기 위해', '부모에게 착한 아이라는 말을 듣기 위해' 행동하게 될 우려가 있다.

중요한 것은 아이가 부모에게 칭찬받거나 평가받기 위해 행동하는 것이 아니라 '사물의 본질을 이해하고 자신의 의지나 판단으로 행동하는' 것이다.

아무리 기다려도 스스로 하려고 하지 않는 아이에게는

한편 신중한 타입으로 새로운 일에 도전하지 않는 아이라면 부모는 '괜찮아, 일단 해 보자'며 토닥토닥 격려할지 모른다.

그러나 여기서도 조바심을 낼 필요는 없다.

아이는 그저 하지 않는 게 아니라, 지금은 '인풋'하는 시기이기 때문이다. 아이에게 있는 '흡수하는 힘'으로 열심히 관찰하고 어떻게 하면 잘할 수 있는지 자기 안에 차곡차곡 정보를 담아 두고 있는 것이다.

아이는 '할 수 있다!'는 확신이 설 때까지 행동하지 않으려고 한다. 그러니 **성급하게 격려하기보다는 '네가 할 수 있을 때 하면 된**

다'고 아이 나름의 성장 속도를 인정해 준다.

또한 '너라면 할 수 있다'는 부모의 무조건적인 믿음에 아이는 자신감을 가지고 용기를 낼 수 있다.

하고 싶지만 자신감이 없는 경우에는 부모가 먼저 시범을 보이거나 아이와 함께 연습 삼아 해 보는 것도 좋다.

일일이 지적하거나 도와주지 말고 아이 스스로 해 보는 시간을 가지게 한다. 그리고 필요하다면 돕는다.

부모의 그런 양육 태도가 아이의 자립을 돕고 '해냈다'는 경험을 쌓게 한다. 그 과정에서 성취감이나 자신감, 자존감, 자율성, 실패해도 다시 도전하는 힘이 키워진다.

- 실제로 해 보고 실수한 부분을 스스로 알아차리고 잘못을 고쳐 성공한다. 이 사이클을 아이 자신이 체험하도록 하는 게 중요하다.
- 무심코 아이에게 제동을 걸거나 참견하고 도와주고 싶다면 마음속으로 3초를 세며 잠시 기다린다.

 **육아 멘토링**

'왜요?'라고 자꾸 묻는다면

흥미, 관심, 의문은 배움을 낳는 싹

3세 무렵이 되면 "왜요?"라는 의문이 많아지고 궁금증을 느낄 때마다 그 자리에서 "왜요?" 하고 묻는 일이 많아진다.

이 무렵은 '언어의 민감기'이기도 하여 아이는 일단 말하는 게 좋다. 깨어 있는 동안에는 쉴 새 없이 조잘조잘 말한다고 생각될 만큼 쉬지 않고 입을 움직여 종알거린다.

부모로서는 그런 아이의 성장이 기쁘지만, 끊임없이 이어지는 아이의 질문에 일일이 답하는 게 귀찮아서 "왜 그럴까?"라며 가볍게 흘려버리기도 한다.

그런데 아이의 '왜요?' 하는 질문이 많아지는 시기야말로 아이는 배움에 대한 싹을 틔우고 평생 이어지는 '배운다'는 행위의 기초를 다지기에 가장 적합한 시기이기도 하다.

내면에서 솟구치는 동기야말로 배움의 원점

아이의 성장 과정에 있어서, 자신의 내면에서 솟구치는 흥미나 관심, 의문이라는 내발적 동기는 없어서는 안 되는 것이다.

이러한 내발적 동기가 있기에 비로소 아이는 매사에 자신의 주의를 최대한으로 기울여 몰입할 수 있는 것이다.

그 과정에서 아이는 새로운 발견을 하기도 하고 실패라는 시행착오를 겪기도 하면서 집중력을 기르고 만족감을 맛보고 수행력을 키운다.

거기서 배움의 즐거움과 기쁨을 알고 충실감을 느끼면 그때의 쾌감을 '다시 경험하고 싶다'는 욕구가 아이 안에 자라나고, 또 다른 새로운 것에 흥미를 느꼈을 때 자연히 그것에 몰두하게 된다.

이런 과정을 반복함으로써 자발적으로 몰입하는 것이 아이에게 당연시되었을 때, 이 배움의 자세가 습관화된다.

'부모가 시키니까 한다', '하지 않으면 엄마랑 아빠가 화내니까 한다', '하면 칭찬받으니까 한다'는 외부적인 동기에 의해 어떤 것을 해도 이 같은 배움에 대한 의욕은 좀처럼 가질 수 없다.

자기 내면에서 우러나오는 동기만이 배움의 원점인 것이다.

3장

일상생활에서 점차 '할 수 있는' 것을 늘리는 부모의 대처법

식사 중 자리에서 일어나고 물건을 떨어뜨리는 아이

– 식사 예절을 즐겁게 가르치기 위해서는?

▼ 잘 먹여 건강하게 키우고 싶지만

이유식이 시작되면 새로이 '식사'에 대한 고민이 뒤를 잇는다.

처음부터 잘 먹는 아이가 있는가 하면 좀처럼 먹지 않으려는 아이도 있다.

의자에 앉아 식사에 집중하면 더 바랄 게 없다, 잘 먹어서 건강하고 씩씩하게 자라 주면 좋겠다, 부모라면 누구나 이런 바람을 가지고 있다.

그러나 현실은 식사 중에 숟가락을 떨어뜨리고 자리에 얌전히 앉아 있지도 않아 즐거운 식사 시간은 어디론가 날아가 버린다.

그래서 식사 시간만 되면 부모는 완전히 녹초가 되어 버린다.

식사는 살아가는 데 필요한 행위이다.

유아기에는 특히나 식사를 통해 영양을 보충할 뿐 아니라, **사랑하는 가족과 함께 음식을 먹는 기쁨, 맛이나 냄새, 식감 등 오감을 최대한 사용하여 느끼는 쾌감, 포만감에서 오는 만족감을 경험하는 것이 중요**하다.

따라서 즐겁고 온화한 분위기에서 식사하기를 바란다.

즐거운 분위기 속에서 식사 예절을 익히기 위해 우리 부모가 할 수 있는 것은 무엇일까?

▼ 안심하고 식사에 집중할 수 있는 환경을 만든다

발이 바닥에 닿지 않으면 아이는 불안하고 마음이 불편한 상태에 있게 된다. 그래서 아이는 자꾸 의자에서 일어서려고 하거나 무릎을 세워 앉으려고 한다.

아이가 안심하고 식사하기 위해서, 의자는 아이의 키에 맞는 것을 선택한다. 발이 바닥이나 의자의 발걸이에 닿게 높이를 조절해 줄 필요도 있다.

　아이는 쑥쑥 성장하기 때문에 시시때때로 '높이가 맞는지'를 확인하는 것이 좋다.

　높이가 낮은 의자라면, 다소 무게감이 있어 아이가 힘주어 밀어도 쉽사리 움직이지 않는 것을 선택한다.

　높이가 높은 의자라면, 의자에서 떨어지는 것을 방지하기 위한 안전벨트가 있다면 앉을 때 벨트를 착용하는 것이 좋다.

　이처럼 아이가 사용하는 '도구'가 아이에게 맞는지를 배려하는 것은 실제로 아이의 자립을 돕는 데 커다란 요인이 된다.

또한 아이가 식탁에 앉은 위치에서 장난감이 빤히 보이면 갑자기 놀고 싶어 하거나 장난감을 가지러 가려고 한다.

그러므로 아이가 앉는 자리는 놀이 장소를 등진 위치로 하는 것이 한 가지 방법이다.

그리고 식사 중에 텔레비전을 켜 두면 정신이 산만해져 식사에 집중할 수 없으니 특히 유아기에는 식사 시간에 텔레비전을 꺼 둘 필요가 있다.

▼ 식사 중 대응의 4가지 포인트

이어서 부모의 양육 태도를 살펴보자. 핵심은 다음의 4가지다.

① '자리에 앉아 식사하기'를 철저히 지킨다
② 식사를 끝내는 시간을 정한다
③ 도구 사용법을 반복하여 가르친다
④ 아이의 욕구는 장난감 놀이나 활동으로 채워 준다

자세히 살펴보자.

❶ **'자리에 앉아 식사하기'를 철저히 지킨다**

앞에서도 말했지만, 운동의 민감기에 있는 아이는 여하튼 움직이고 싶다. 차분함이라고는 찾아볼 수 없는 아이의 모습에 당혹감을 느낄지도 모르지만, '지금은 그런 시기니까' 하는 여유로운 마음을 가지면 아이의 행동을 긍정적으로 볼 수 있다.

그렇다고 뭐든 해도 되는 것은 물론 아니다. '해도 되는 것'과 '하지 말아야 하는 것'을 명확하게 알려 줄 필요가 있다.

식사 중에 자리에서 벌떡 일어나 놀려고 하면 "식사 중에는 앉아야지" 하고 분명히 말한다.

여기서 중요한 것은 **아이가 놀러 간 데까지 쫓아가서 밥을 먹이지 말아야 한다**는 점이다. 부모가 쫓아가서 밥을 먹여 주면 아이는 '놀러 가도 밥을 먹을 수 있다'고 생각한다.

본래 아이가 흡수해야 하는 것은 '식사 자리에 앉아서 먹는' 것인데 이래서는 정반대의 것을 흡수하게 된다.

아이가 자리에서 일어나면 "식사할 때는 자리에 앉아야지. 여기에 앉자" 하고 말하고, 아이가 스스로 돌아와 자리에 앉을 수 있는 나이라면 기다려 준다.

아무리 기다려도 아이가 스스로 돌아오지 않으면 아이가 있는 곳으로 가서 "자리에 앉아야지" 하고 말하고 함께 돌아오거나 때로는 안아서 돌아올 수도 있다.

❷ 식사를 끝내는 시간을 정한다

　식사에 너무 많은 시간이 걸리면 집중력이 떨어지고 포만중추도 자극받아 식사가 제대로 진행되지 않는다. 30분 이상 걸릴 때는 '이게 마지막 한 입이야', '이제 이것만 먹자'라며 끝을 알려 식사를 마쳐야 하는 시간을 정한다. 마냥 식사하지 않도록 지도한다.

❸ 도구 사용법을 반복하여 가르친다

　또한 식사 중에 숟가락이나 포크를 떨어뜨리기도 한다. 손에서 놓으면 숟가락이나 포크가 떨어진다는 사실을 알아차리고는 재미 삼아 손을 벌려 일부러 떨어뜨린다. 나이가 좀 더 들면 부모의 반응을 보려고 여러 차례 반복하여 떨어뜨린다.

　그럴 때는 "이건 숟가락. 숟가락은 이렇게 사용하는 거야" 하고 어떻게 사용하는지를 되풀이하여 가르쳐 준다.

❹ 아이의 욕구는 장난감 놀이나 활동으로 채워 준다

　또한 '물건을 떨어뜨리고 싶어' 하는 아이의 욕구를 활동이나 놀이 중에 채워 주는 것도 한 가지 방법이다. 예컨대 구멍 뚫린 상자에 공이나 구슬을 '떨어뜨리는' 활동을 준비하여 아이의 욕구를 채워 준다.

 만일 부모의 반응을 보기 위해 아이가 일부러 물건을 떨어뜨리는 경우라면 부모는 그다지 반응하지 않고 일단 그 자리를 벗어나거나 '줍자' 하는 단순한 반응을 보인다.

 부모가 당혹스러워하거나 화내는 반응을 보기 위해 아이가 그런 행동을 하는 것이라면 부모는 반응을 보이지 않는 게 바람직하다.

 식사 중에 앉아 있기, 숟가락이나 포크의 사용법, 음식을 떨어뜨려서는 안 된다는 것을 아이에게 말한다고 하여 곧바로 잘하게 되는 것은 아니다.

 그러나 하면 안 되는 행동이 무엇인지를 흔들림 없이 명확하게 알려 주면서도 유연하게 대응함으로써 아이는 서서히 자기 자리에 앉아서 식사하게 된다. 그러니 인내심을 가지고 지도한다.

 핵심포인트

- 아이가 차분하게 식사에 집중할 수 있는 환경을 만든다.
- 이 시기는 운동의 민감기라는 점을 이해한다.
- '앉아서 먹는다'는 규칙으로 일관한다.
- 물건을 떨어뜨리려는 욕구는 놀이 중에 채운다.

양치질을 안 하려고 하는 아이

– 양치질을 싫어하지 않도록 습관으로 만든다

♥ 양치질을 억지로 하면 아이도 힘들다

양치질이 싫어서 이를 닦지 않으려고 하는 아이가 있다.

일단 알아 두어야 하는 사실은, 사람에게 얼굴은 매우 민감하고 개인적인 부분이라는 점이다.

그중에서도 입에 무언가를 집어넣으려는 것은 결코 유쾌한 일이 아니다.

부모가 억지로 아이의 입에 칫솔을 넣어 이를 닦는 것은 아이에게는 매우 힘든 일이라는 사실을 알아 두어야 한다.

♥ 양치질을 습관화하는 4가지 포인트

그렇다면 아이에게 양치질을 습관화하기 위해서 부모는 어떻게 하면 좋을까? 핵심은 다음의 4가지이다.

① '먹었으면 닦는다'는 것을 인식시킨다
② 거울을 이용하여 이 닦는 방법을 가르쳐 준다
③ 양치질을 왜 해야 하는지 그 필요성을 알려 준다
④ 조바심 내지 말고 끈기를 가진다

한 가지씩 살펴보자.

① '먹었으면 닦는다'는 것을 인식시킨다

치아가 나기 시작하면 '식사 후에는 칫솔을 입에 무는' 습관을 길러 준다. 단 몇 초라도 좋다. 식사하고 나면 아이가 알아서 칫솔을 입으로 가져간다.

그것을 매일 식사 후에 하면 '식사하면 이를 닦는다'는 습관이 저절로 몸에 밴다.

결코 억지로 강제하지 말고 아이가 싫어할 때는 기다려 준다.

칫솔은 목구멍에 닿지 않도록 헤드가 짧거나 미끄럼 방지가 되어 있는 것이 좋다.

아이가 좋아하는 노래를 부르면서 양치질을 하거나 "윗니를 닦아요! 음식물이 깨끗이 없어져요~" 하고 아이의 입속에서 무슨 일이 벌어지고 있는지를 들려주며 이를 닦는 방법을 추천한다.

❷ 거울을 이용하여 이 닦는 방법을 가르쳐 준다

부모는 '입속이 어떠한지', '치아는 어떤지' 이미 알고 있어서 당연히 머릿속에 그릴 수 있지만, 아이는 이를 닦고 있을 때 자기의 입속에서 무슨 일이 일어나고 있는지 상상할 수 없다. 그래서 괜히 무섭거나 기분이 나빠서 양치질을 꺼리게 된다.

이때 거울을 준비해 두기를 추천한다. 1세 반 무렵에는 거울 속

인물이 자신임을 알고 있으니 아이가 잘 볼 수 있는 곳에 거울을 준비해 둔다.

그리고 거울 앞에서 아이의 치아를 보면서 "자, 이빨을 닦아 보자" 하며 칫솔질을 하면 아이는 자신의 입안에서 무슨 일이 벌어지고 있는지를 알게 되고 안심하게 된다.

아이가 좀 더 나이를 먹으면 부모와 함께 거울 앞에 서서 부모는 어른 칫솔을 들고 아이는 아이 칫솔을 들게 하여 양치질하는 방법을 천천히 보여 준다. 그렇게 함으로써 아이는 양치질을 어떻게 하면 되는지를 알게 되고 혼자서도 이를 닦을 수 있게 된다.

❸ 양치질을 왜 해야 하는지 그 필요성을 알려 준다

또한 아이와 함께 그림책이나 도감을 보면서 치아가 어떻게 생겼는지, 양치질을 하지 않으면 어떻게 되는지 이야기를 들려준다.

양치질의 필요성을 인식하도록 양치질하지 않으면 어떤 문제가 생기는지(충치가 생긴다, 치아가 녹는다 등) 사실적으로 이야기해 주는 것도 때로는 필요하다.

❹ 조바심 내지 말고 끈기를 가진다

'충치가 생기지 않게 깨끗하게 닦아야 한다'는 생각에서 아이가 싫다고 하는데도 억지로 강압적으로 양치질할지도 모른다. 부모로서는 그렇게라도 하지 않는다면 아이가 이를 닦지 않을 것이라고 생각하는 것이다.

그러나 양치질이 싫어지면 모든 걸 잃는다. 양치질이 습관이 될 때까지는 양치질하는 데 시간이 오래 걸리지만, 그렇다고 억지로 시키지는 말고 거울을 준비하거나 노래를 부르거나 그림책을 보면서 닦거나 엄마 아빠와 함께 놀이하듯이 이를 닦는다. 이렇게 **다양한 방법을 시도하며 아이가 따라오기를 기다린다.**

때로는 에너지가 바닥나서 양치질하지 않고 아이가 잠들어 버리기도 할 것이다. 그런 날이 있어도 괜찮다. 그럴 때는 잠든 뒤에 젖은 거즈로 치아를 닦거나 칫솔로 가볍게 닦아 준다.

양치질이 '억지로 하는 것'이라는 인식을 심어 주지 않고 '치아를

 핵심포인트

- 음식을 먹으면 이 닦는 것을 습관화한다.
- 입안에 칫솔을 억지로 넣거나 강한 힘으로 이를 닦는 것은 고통스러운 일이다.
- 거울을 준비하고 '이빨을 닦는' 모습을 아이가 볼 수 있게 한다.
- 그림책을 함께 보면서 양치질의 필요성이나 충치가 생길 위험성을 이야기한다.

깨끗이 하려고 닦는 것'이라는 본래의 의의를 아이가 인식하게 하는 데에는 많은 시간과 끈기가 필요하다. 그러니 조금 더 인내심을 발휘해 보자.

혼자서 옷을 갈아입지 않는 아이

– 스스로 옷을 갈아입게 만드는 비결

▼ 아이가 혼자서 옷을 갈아입으려고 하지 않는 이유

1세 반 무렵이 되면 뭐든지 "내가 할래요!" 하고 스스로 하려고 나서는 시기가 찾아온다.

아이가 '지금' 그것을 할 수 있는 에너지가 표출되고 있다는 의미이다. 따라서 아이가 하고 싶은 일이 있을 때가 바로 그것을 할 수 있게 되는 절호의 기회인 것이다.

그와 반대로 하기 싫은 일을 억지로 시키기는 매우 어렵다.

아이가 혼자 옷을 입으려고 하지 않는 데에는 다음과 같은 이유를 생각할 수 있다.

- 부모가 해 주는 일이라고 생각한다.
- 어떻게 하는지 방법을 잘 모른다.
- 옷에 원인이 있어 '아이 혼자 입기' 어렵다.

그렇다면 이 이유들을 되짚어 아이가 혼자서 옷을 갈아입게 하기 위해서 부모는 어떻게 하면 좋을까?

혼자서 옷을 갈아입게 만드는 3가지 포인트

아이를 대할 때에 먼저 다음의 3가지 핵심을 의식한다.

❶ 할 수 있는 일은 아이에게 맡긴다
❷ 7~8배 느린 속도로 부모가 천천히 시범을 보인다
❸ 아이 힘으로 입을 수 있는 옷을 선택한다

한 가지씩 차례대로 살펴보자.

❶ **할 수 있는 일은 아이에게 맡긴다**

아이 혼자 옷을 입을 수 없는 시기에는 부모가 전부 입혀 준다.

그러나 사실 그때부터 '<u>아이가 참여하도록 하는</u>' <u>것이 관건</u>이다. 아무것도 할 수 없으니까 모든 것을 부모가 신속하고 사무적으로 해 주다 보면, 아이는 그곳에 있기만 하면 옷 입기가 끝나 버린다.

하지만 중요한 점은 <u>**아이가 참여할 수 있는 방식으로 접근하여 아이가 옷 입기를 '자기 일'로 인식하게 만드는 것**</u>이다.

예컨대 바지를 입을 때 부모가 전부 해 주는 게 아니라 어느 정도는 아이가 발을 움직이도록 유도한다. 이를테면 마지막에 바짓단 아래로 발이 나오는 시점에서 "발을 쏙 내밀어 볼까?" 하며 아이 스스로 발을 내밀기를 기다린다.

또는 바지 허릿단을 벌리며 "여기에 발을 넣자" 하고 아이가 발을 집어넣게 유도한다.

하나부터 열까지 전부 부모가 해 주는 것이 아니라 아이의 발달 정도에 맞추어 '할 수 있는' 일을 부분적으로 아이에게 맡기는 것이 아이를 자립적으로 만들어 신변의 일들을 할 수 있게 돕는다.

그렇게 함으로써 아이 입장에서는 '그냥 가만히 있으면 모든 걸 엄마 아빠가 해 주어 마치 남의 일처럼 느꼈던' 옷 입기를, 부모의 도움을 받아 스스로 할 수 있는 '자기 일'로 받아들이게 된다.

신변의 자립은, 아이가 얼마나 이 작업을 '자기 일'로 인식하게

되는지가 중요하다.

❷ 7~8배 느린 속도로 부모가
   천천히 시범을 보인다

하고 싶어도 아이가 어떻게 하면 되는지 그 방법을 구체적으로 알지 못하면 실행으로 옮길 수 없다.

그때는 예컨대 '티셔츠를 입는다'는 부분에 포커스를 맞춰 7~8배 느린 속도로 천천히 시범을 보여 주는 것이 중요하다.

티셔츠를 입는 방법, 바지를 입는 방법, 양말을 신는 방법 등등을 부모가 자신의 것을 사용하여 시범을 보인다. 반복하여 부모가 직접 어떻게 입고 신는지를 보여 주면 아이는 '아하, 그렇게 하는 거구나' 하고 흡수하여 혼자 하는 힘으로 바꾸어 간다.

❸ 아이 힘으로 입을 수 있는 옷을 선택한다

옷 때문에 아이가 혼자서 입으려고 하지 않는 경우도 있다.

아이의 손아귀 힘이나 팔 힘은 부모보다 훨씬 약하고 자기의 몸을 의지대로 움직이는 힘도 아직 발달하지 못했다.

게다가 자신의 신체 이미지를 한창 인식하는 중이라서 어른처럼 가볍게 생각대로 움직일 수 없다.

예를 들면 등에 단추가 달린 신축성 없는 블라우스는 소매에 팔을 넣는 게 고작으로 부모의 도움 없이는 단추를 채울 수 없다.

또한 티셔츠의 목 부분이 뻣뻣하면 아이가 머리를 집어넣으려고 해도 아이의 힘으로는 당길 수 없다. 딱 맞는 청바지도 아이의 힘으로는 당겨 입을 수 없다. 바짓가랑이로 발을 통과시키려고 해도 쉽게 발이 나오지 않는다.

이것들은 아이가 혼자서 옷을 입으려는 것을 옷 자체의 원인으로 어렵게 만드는 예이다.

물론 그런 옷을 일절 입혀서는 안 된다는 이야기는 아니다. 귀여운 옷을 보면 우리 아이가 입은 모습이 머릿속에 그려지고 설레는 그 마음은 잘 안다.

다만, 아이가 혼자 힘으로 옷을 입으려는 시기에는 특히 신축성이 좋아 아이의 힘으로 충분히 입을 수 있는 옷이 '혼자 입는' 데에 큰 도움이 된다.

<u>아이가 '혼자 하고 싶다!'고 생각할 때가 '해냈다'는 성취감을 맛볼 수 있는 가장 큰 기회</u>이다.

아이가 제 입으로 '내가 할래요!' 하고 모든 에너지를 쏟는데 옷의 난이도가 너무 높아서 혼자서는 입지 못한다면 너무 안타깝다.

아이의 혼자 하려는 에너지를 성취감으로 이어 갈 수만 있다면 아이는 만족감과 충실감을 느낄 뿐 아니라 자신감과 유능감도 느낄 수 있다.

부모의 도움이 필요한 옷은 휴일에 외출할 때 입고 평일에는 아이가 쉽게 입을 수 있는 옷으로 균형을 유지하면서 아이의 성취감에 중점을 두고 옷이라는 물적 환경을 만들어 준다.

 핵심포인트

- 부모의 속도로 해 버리는 게 아니라 아이가 '자기 일'로 받아들일 수 있도록 아이가 자발적으로 참여할 부분은 아이에게 맡겨 스스로 할 수 있게 한다.
- 옷을 입고 벗는 방법을 7~8배 느린 속도로 천천히 시범을 보인다.
- 입기 쉬운 옷으로 아이가 성취감을 느낄 수 있도록 배려한다.

놀이 후에 정리하지 않는 아이

– 정리하는 힘을 키우기 위해 할 일

💎 **정리하게 만드는 5가지 포인트**

마음껏 논 뒤에 아이가 장난감을 정리하지 않아 곤란한 엄마 아빠도 많을 것이다. 정리는 정리할 수 있는 환경을 만들고, 매일 차곡차곡 쌓여 습관이 되는 게 가장 효율적이며 장차 아이의 힘으로 이어진다.

아이가 가지고 놀던 장난감을 스스로 정리하도록 만드는 데에는 5가지 포인트가 있다.

❶ 장난감의 수를 제한한다

❷ 장난감을 수납하는 곳을 결정한다
❸ 가지고 놀던 장난감을 제자리에 갖다 둔 뒤 다른 장난감을 가져온다
❹ 다른 행동으로 전환하기 전에 정리한다
❺ 부모가 본보기가 되어 정리한다

하나씩 살펴보자.

❶ 장난감의 수를 제한한다

아이가 최근에 가지고 놀지 않는 장난감이 있다면 정리하여 아이에게 '지금' 필요한 장난감만 꺼내고 장난감의 수를 줄인다. 장난감이 너무 많은 잡다한 상태에서는 가지고 놀고 싶은 것이 어디에 있는지 쉽게 찾을 수 없다. 그리고 아이가 어느 장난감을 가지고 놀지 결정하는 것도 어렵게 만든다.

많은 선택지 가운데 한 가지를 선택하기 위해서는 '의지력'이 필요하다.

그러나 지금 아이는 '의지력'을 키우고 있는 중으로 아직 발달하지 않았다. 그런 미숙한 의지력으로 장난감을 선택하기 위해서는 오히려 선택지가 한정되어 있는 편이 아이에게는 바람직하다.

또한 0~4세 전후는 1장에서 말한 것처럼 '질서의 민감기'이기도 하다. 그래서 모든 것이 단번에 바뀌면 '내 것이 없어졌다'며 불안감을 느낀다.

환경을 바꿀 때는 모든 것을 단번에 바꾸는 게 아니라 사용하지 않는 몇 가지를 치우거나 새로운 놀이나 장난감으로 교체한다.

어느 정도 나이가 들면 아이의 의견을 듣고 어느 것을 치울지를 결정하는 것도 좋다.

❷ 장난감을 수납하는 곳을 결정한다

놀이 도구나 장난감을 신중하게 골랐다면 그것을 정해진 장소에 하나씩 보기 좋게 수납한다. 그렇게 함으로써 늘 정돈이 될 뿐 아니라 '어디에 두면 좋을지' 아이도 쉽게 알아서 정리정돈하는 힘을 키울 수 있다.

또한 <u>장난감을 잡다하게 하나의 바구니에 무질서하게 담아 두는 게 아니라 하나씩 나란히 놓아둠으로써 물건을 조심스럽고 소중하게 다루게 된다.</u>

바구니 하나에 많은 장난감이 들어 있다면 놀고 싶은 장난감을 꺼내기 위해 위에 놓인 여러 개의 장난감을 치워야만 한다.

그때 아이의 목적은 '놀고 싶은 장난감을 꺼내는 것'이라서 그것 외에는 주의가 향하지 않으므로, 원하는 장난감을 꺼내기 위해 위

에 있는 몇몇 장난감을 바구니 밖으로 내던져 버린다.

이런 아이의 모습을 보면 부모는 '고장 난다', '살살 다뤄야지' 하고 잔소리하고 싶어진다.

그러나 동시에 여러 가지 것에 주의를 기울이지 못하는 아이는 놀고 싶은 장난감을 꺼내려는 목적에 몰두해 다른 것을 소중히 다루는 데까지는 미처 의식하지 못한다.

이 같은 상황은 장난감 하나하나를 책장 선반에 가지런히 수납하는 것으로 해결할 수 있다. **아이가 아니라 환경을 바꿈으로써 아이의 모습에 변화가 나타나는 것**이다.

❸ **가지고 놀던 장난감을 제자리에 갖다 둔 뒤 다른 장난감을 가져온다**

예컨대 아이가 가위 놀이를 하고 있다고 가정해 보자. 얼마 지나지 않아 퍼즐에 흥미 느껴 가위 놀이를 하던 중 퍼즐 놀이를 시작한다.

이때 '놀이가 끝난 장난감을 제자리에 정리하고 나서 다음에 놀 장난감을 꺼낸다'라는 규칙을 정하여 습관이 되도록 지도하는 것이 중요하다.

먼저 "이제 가위 놀이는 끝났니?"라고 확인하고 나서 "자, 가위 놀이 장난감을 치우고 퍼즐 놀이를 할까?" 하고 가위 놀이를 정리하는 것을 돕거나 정리하는 모습을 지켜본다.

부모의 말이 귀에 들리지 않을 때는

그러나 아이가 퍼즐에 열중하기 시작하면 부모가 아무리 말해도 귀에 들어가지 않는다.

1~2세 무렵은 특히나 '지금' 눈앞에 있는 것에 몰입하여 다른 곳에 가면 방금 전까지 가지고 놀았던 장난감은 이미 머릿속에서 멀어진다.

그럴 때는 **잠시 기다려 준다.** 그리고 하던 놀이가 잠시 끊겨 한숨 돌렸을 때 '가위 놀이 한 거 정리할까?' 하고 아이가 떠올릴 수 있게 다시 한번 말해도 좋다.

물론 잠시 쉬면서 '퍼즐 다 맞췄어!'라고 아이가 말하면 그 마음을 먼저 받아 준다.

아이에게 말해도 전혀 듣지 못할 때는 아이가 쉽게 움직일 수 있는 방법을 생각해 본다. 예컨대 말로만 아이를 움직이려 하는 게 아니라, 수납장에 가져다 놓아야 하는 장난감을 아이의 눈앞으로 가져가서 "이건 제자리에 두자"고 직접 건네주면 아이의 행동을 일으키기 수월해진다.

❹ **다른 행동으로 전환하기 전에 정리한다**

장난감을 꺼내 놓은 채로 두면 어느새 방은 온통 장난감과 놀이도구로 가득하게 된다. 그런 상태에서 아이는 무엇부터 치우면

물건에는 장소가 있다.

놀이가 끝났으면 치운다.

치운 뒤 다음 장난감을 꺼낸다.

'정리하는 힘'

좋은지 모른다.

그럴 때는 **'행동을 바꿀 때마다 정리하는'** 습관을 키운다.

예컨대 외출하기 전, 식사하기 전, 목욕하기 전 등 다른 행동으로 전환할 때 일단 주위를 둘러보고 흐트러져 있는 장난감이나 놀이 도구를 치운다는 규칙을 세워 본다.

그러면 한 행동을 끝내고 다음 행동으로 전환하기 전에 사용했던 장난감이나 놀이 도구를 제자리에 정리하는 게 당연해져 아이 스스로 알아서 치우게 된다.

4세 이후가 되면 '좀 더 하고 싶다'며 정리하지 않고 남겨 두려고 할 때도 있다.

그럴 때는 계속 가지고 놀 것만 남기고 나머지는 치우거나 계속 가지고 놀 장난감을 놓아둘 장소를 정하는 등 각 가정에서 규칙을 정해 아이가 스스로 생각하여 행동할 수 있게 한다.

❺ **부모가 본보기가 되어 정리한다**

처음부터 아이 혼자서 정리한다는 것은 있을 수 없는 일이다.

우선은 부모가 본보기로 어떻게 치우는지를 보이거나 아이와 함께 치우면서 '물건을 정리하는 것이 어떤 것인지'를 행동으로 가르쳐 준다.

아이가 정리하는 힘을 키우기까지는 부모가 정리하는 것을 도와주다가 마지막 단계를 아이가 직접 하게 함으로써 '스스로 했다!'고 느끼게 하는 것도 좋은 방법이다.

정리는 습관화가 중요

정리는 환경을 갖추고 매일 습관처럼 꾸준히 하면 자연스레 몸에 배게 된다. 조바심을 낼 필요는 없다.

그리고 부모가 물건을 소중히 다루거나 사용한 뒤에 정리정돈하면 은연중에 아이가 그 모습을 보고 자기 안에 흡수한다.

일상생활 속에서 부모가 당연하다는 듯이 물건을 정리정돈하는 모습은 아이의 정리하는 힘에 영향을 미치는 것이다.

 핵심포인트
- 장난감의 수를 엄선하고 선반에 하나씩 보기 좋게 정돈해 둔다.
- 사용한 것을 정리한 뒤 다음에 가지고 놀 것을 꺼낸다는 규칙을 정해 정리하도록 말한다.
- 아이와 함께 정리하면서 부모가 정리하는 모습을 보이면 아이는 그 모습을 흡수한다.

 육아 멘토링

몬테소리 방식의 장난감과 그림책을 선택하는 방법

실물을 준비한다

몬테소리 교육에서는 '진짜'를 중시한다.

채소를 칼로 자를 때 플라스틱이나 나무로 만들어진 것이 아니라 진짜 부엌칼을 사용하여 진짜 채소나 과일을 자른다.

또한 다른 활동에서도 캐릭터를 사용하지 않고 '진짜=현실'에 보다 가까운 것을 선택한다. 퍼즐의 내용이나 그림책도 마찬가지이다.

선택할 때의 판단 기준

장난감이나 그림책을 선택할 때의 판단 기준은 '현실 세계에서도 하는 것인가?'라는 점이다.

예컨대 그림책이라면 '곰이 옷을 입고 포크와 스푼을 사용하여 식사하는' 등의 내용이 있다고 생각해 보자.

이런 판타지가 그림책의 최고의 재미라고 말하는 사람도 있지만, 몬테소리 교육에서는 무엇보다 유아기에는 '지금 자신이 사는 세계에 적응하는 것'이 최우선 과제이기 때문에 가능한 한 현실에 바탕을 둔 그림책을 의식적으로 선택하려고 한다.

3~6세 무렵이 되면 조금씩 '현실'과 '판타지'의 차이를 이해하고 판타지를 즐길 수 있다.

그러나 여전히 3~6세 무렵에는 그 판타지가 진짜인지, 현실 세계에서도 일어나는 것인지, 아니면 지어낸 이야기인지를 명확하게 구별할 수 없으므로 현실에 근거한 내용의 그림책을 의식적으로 선택하는 것이 좋다.

장난감이나 그림책을 수납할 때의 힌트

몬테소리 교육에서는 놀이 도구를 활동별로 나누어 상자나 바구니에 담아 선반에 가지런히 정리한다.

그렇게 해 두면 '지금 하고 싶다'고 하는 아이의 욕구를 즉각적으로 충족시킬 수 있다.

유아기는 '저쪽에 저것을 가지러 가고 이쪽에 이것을 가지러 가는' 중에 하고 싶은 것을 잊어버리는 시기이다.

그렇기 때문에 사용하는 물건을 상자나 바구니에 가지런히 정리해 둠으로써 이를 방지하고 아이의 '하고 싶은' 것이 이루어지도록 돕는다.

또한 그 상자나 바구니에 물건을 담아 선반에 다시 가져다 놓기만 하면 될 뿐이므로, '정리'의 장벽은 단연코 낮아진다.

구체적인 수납 사례에 대해서는 3장에서 소개하는 일러스트를 참고할 수 있다.

약속을 지키지 않는 아이
- 아이와 약속 잘하는 비결

왜 약속을 지키지 못할까?

"오늘은 간식 없어", "끝나면 정리하자", "지금부터는 조용히 하자" 하고 아이와 약속해도 막상 그 자리에 가면 그런 약속 따위는 까맣게 잊어버린다.

약속한 것이 깡그리 없던 일이 되어 버려서 "아까 약속했지?", "왜 약속을 지키지 않니?" 하고 무심코 묻고 싶을지 모른다.

왜 아이는 약속을 지키지 않는 것일까?

아이는 결코 고의로 약속을 깨는 것이 아니다. **아이가 약속을**

지킬 수 없는 것은 유아기에 있는 아이(특히 0~3세)는 '지금'을 살고 있기 때문이다.

우리 어른들처럼 '집에 들어가면 ○○을 해야지', '그때 그랬더라면 좋았을 텐데' 하며 미래나 과거의 일을 생각하지 않는다. 항상 '지금 여기', 자기 몸이 있는 장소에서 벌어지는 일을 생각한다. 나이가 어릴수록 그런 모습이 뚜렷하게 보인다.

그래서 부모가 '오늘은 간식 없다'라고 말했을 때 지금 그 자리에서는 "알았다"고 약속하지만, 막상 가게에 들어가서 간식을 보면 아이의 머릿속에 '이거 먹고 싶다!'는 생각이 가득 차게 되어 과거에 약속한 것은 까맣게 잊어버린다. 그것은 아이가 약속을 지키지 않기 때문이 아니라 '그런 시기'이기 때문이다.

▼ 약속을 지킬 수 있게 만드는 5가지 포인트

그렇다면 아이가 약속을 잘 지키게 하기 위해서는 어떤 양육 태도가 필요한 것일까? 다음의 5가지 포인트를 의식하고 대응하기를 바란다.

❶ 행동하기 전에 말한다

❷ 직전에 재확인한다
❸ 떼를 써도 약속을 일관한다
❹ 약속을 지켰다면 '행동'을 간단히 인정한다
❺ 부모가 약속을 지키는 모습을 보인다

차례대로 살펴보자.

❶ 행동하기 전에 말한다

예컨대 마트에 장 보러 가서 '간식을 사지 않겠다'고 약속한 아이와 집에서 나오기 전에, "오늘은 뭘 사러 마트에 가는 거지?" 하고 아이에게 묻는다. 그리고 '오늘은 저녁밥을 만들 먹을거리를 사러 가는 것'이라고 말해 준 뒤에 '오늘은 간식을 사지 않을 것'이라고 덧붙인다.

부모가 이렇게 말해도 아이가 듣지 않는 일도 있으므로, 아이의 얼굴을 보며 이야기한다. 그러면 아이도 잘 알아듣는다.

❷ 직전에 재확인한다

그리고 마트 앞에 도착해서 안으로 들어가기 전에 다시 한번 약속의 내용을 확인한다.

여기가 포인트다. 앞서 한 약속은 아이에게 이미 '과거'의 일이 되어 버렸을 테니, '지금' 다시 확인하여 집을 나설 때에 부모가 한 말을 떠올리게 한다.

이처럼 한 번으로 끝나는 것이 아니라 단계를 밟아 재확인함으로써 아이는 약속 내용을 '과거'의 일로 잊는 게 아니라 '지금' 그 자리에서 떠올리게 된다.

간식이 눈앞에 있으면 먹고 싶다는 욕구에 못 이겨 이전의 약속은 까맣게 잊어버리기 때문에, 마트 앞에서(간식을 보기 전에) 재확인함으로써 아이도 냉정하게 약속을 다시 확인할 수 있다.

❸ 떼를 써도 약속을 일관한다

실제로 간식 진열대 앞을 지날 때 아이가 사고 싶어 한다면 '오늘은 사지 않기로 했지' 하며 약속을 다시 확인한다. 아이가 떼를 쓰며 사 달라고 졸라도 약속을 굳건히 밀어붙인다.

❹ 약속을 지켰다면 '행동'을 간단히 인정한다

약속을 지켰을 때는 아이의 행동을 심플하게 인정해 주는 것도 중요하다.

거기서 "착하구나", "약속을 지키다니 멋지네!" 하고 아이의 인격을 칭찬하거나 추켜세울 필요는 없다. 약속을 지켰다고 착한 아이, 멋진 아이는 아니다. 단지 부모에게 착한 아이일 뿐이다.

"약속을 지켰구나. 고마워", "사고 싶었을 텐데 잘 참았네" 하고 아이의 행동을 인정한다.

❺ **부모가 약속을 지키는 모습을 보인다**

마지막으로 중요한 포인트가 있다. 그것은 부모가 약속을 지키는 모습을 보이는 것이다.

그 자리를 모면하기 위해 "나중에 해 줄게", "다음에 하자" 하고 아이에게 가볍게 약속하는 일이 있을 것이다.

실제로 나중이 되면 아이도 그 약속을 까맣게 잊어버리고 아무것도 요구하지 않으니 '괜찮겠지' 하며 없던 일로 생각한다. 이런 경험이 있는 사람도 분명 있을 것이다.

이때 비록 아이가 잊었다고 해도 "나중에 해 준다고 약속했으니까 지금 할까?" 하고 부모가 약속을 지키는 모습을 보여 주는 게 중요하다.

그렇게 함으로써 '엄마는 약속을 지켰다', '아빠는 반드시 기억하고 있다'고 하는 **부모와의 신뢰 관계가 만들어질 뿐 아니라 아이가 '약속을 지키는' 것을 당연한 일로서 흡수**하게 된다.

아무리 말로 '약속은 지켜야 한다'고 아이에게 가르쳐도 부모가 약속을 지키지 않는다면 아이는 부모의 말과 행동 사이에서 모순을 느낀다.

그리고 **아이는 말보다 행동을 더 신뢰하고 흡수**한다.

따라서 우리 부모가 당연하게 약속을 지키는 것이 중요하다.

▼ 작은 약속을 지키는 경험을 차곡차곡 쌓아 간다

약속은 어느 날 갑자기 지킬 수 있게 되는 것이 아니다. 자신의 욕구를 제어하는 의지력이나 약속을 기억하는 기억력이 발달하고 나서야 비로소 가능해지는 것이다.

아이가 무엇인가를 조금 의식적으로 하는 2세 반 무렵이 되면 작은 약속을 하는 것부터 조금씩 시작해 보자(물론 개인차는 있다).

작은 약속이란, 예를 들면 현관에 들어가기 전 '집에 들어가면 가장 먼저 손을 닦는다'고 하는 약속이나, 차량이 많은 도로에
나가기 전 '여기서부터는 손잡고 걷자'고 하는 약속들이다. 이와 같이 즉시 실행에 옮길 수 있는 작은 약속을 하기를 추천한다.

이런 작은 약속을 잊지 않고 실행에 옮기면 '해냈다'는 성공 체험으로 이어진다.

작게 작게 약속을 지키는 경험을 차곡차곡 쌓아 가도록 하는 것이 좋다.

꾸짖거나 벌주지 않는다

만일 약속을 지키지 않아도 결코 혼내거나 화낼 필요는 없다.

유아기에는 한창 의지력을 키우고 있다. 의지력이 쑥쑥 자라면서 스스로 약속이나 규칙을 지키려고 한다. '자기 규율'을 볼 수 있게 되는 것이다.

중요한 점은, 부모가 화를 내니까 약속을 지킨다거나, 부모가 보고 있을 때 약속을 지키는 등의 보이기 위한 자기 규율이 아닌, 아이가 필요성을 느끼고 스스로 판단하여 자기 제어력을 획득해 가는 것이다.

그러기 위해서는 장기적인 안목으로 아이의 내면에 자기 규율이 싹터 자랄 수 있도록 작은 약속을 지키는 경험을 쌓아 갈 수 있게 돕는다.

 핵심포인트

- 0~3세 아이는 약속을 지키지 못하는 것이 아니라 '그런 발달단계'에 있는 것이다.
- 2세 반 무렵이 되면 즉시 실행할 수 있는 작은 약속을 해 본다.
- 약속했을 때는 몇 단계를 거쳐 확인하여 아이가 그 약속을 떠올리게 한다.
- 약속을 지켰을 때는 칭찬하기보다는 심플하게 아이의 행동을 인정한다.

집중력이 지속되지 않는 아이

– 부모가 알아차리지 못할 뿐? 사실 아이는 집중하고 있다

◆ **집중은 태어날 때부터 시작되었다**

한 가지 일에 집중하지 못하는 탓에 금세 산만해지거나 좀처럼 집중하지 못하는 아이의 모습에 도대체 어떻게 하면 좋을지 몰라 머리를 싸매고 고민한 적이 없을까?

이런 고민은 아이가 어느 정도 나이 든 후에 하는 것이라고 생각하는 사람도 있을지 모른다.

그러나 사실 어떤 것에 몰입하는 일은 이미 태어날 때부터 시작되었다.

미지의 세계에 태어나 부모에게 '내가 행동하면 반응해 준다'거나 '내가 받아들여지고 있다'는 안도감과 신뢰감을 얻고, '언제나 나에게로 시선이 향한다'는 관심과 흥미를 받았던 경험은 장차 아이가 외부 세계(주위 사람이나 사물)에 대해 가지는 흥미로 바뀌어 간다.

그러면 아이는 관심이 가거나 흥미를 느낀 것을 만져 보고 '이건 뭘까?' 하며 몰입하게 된다.

집중은 어른이 지시하는 게 아니다

몬테소리 교육에서는 '집중'을 중요하게 여긴다.

그러나 **집중은 아이 안에서 자발적으로 생겨나는 것이지, 부모가 시킨다고 해서 만들어지는 것이 아니다.**

집중을 중시한 나머지 우물쭈물하는 아이에게 짜증을 내고 집중을 강요하는 것은 주객이 전도된 것이다.

어른들도 일이나 취미에 집중할 수 있는 날이 있는가 하면, 왠지 집중이 잘되지 않는 날이 있다.

식욕, 수면욕 같은 기본적인 욕구가 충족되고 자신이 안심하는

장소에서 흥미와 관심을 느낄 만한 것과 만났을 때 비로소 집중하게 된다.

아이를 위한 환경을 만들어 주기만 하면 아이가 언제 어디서든 집중할 수 있을 것이라고 생각한다면, 자칫 집중하지 못하는 아이가 뭔가 부족하고 나쁜 아이처럼 보인다.

그러나 아이에게도 적절한 시기가 있다. 지금은 아직 몇 분밖에 집중하지 못하거나 며칠에 한 번 정도로 집중할지 모른다.

또한 연령대가 낮은 0~2세 무렵에는 특히나 무슨 일이든지 오래 집중할 수 없다. 한창 의지력을 키우는 중이라서 무언가를 하는 중에도 무심코 어떤 새로운 것이 눈에 들어오면 그쪽으로 몸이 움직인다.

수시로 하는 일이 바뀌는 탓에 곁에서 보기에는 전혀 집중하지 않는 것처럼 보이지만 그런 시기라는 걸 이해하자.

▼ 일상생활에서 아이가 집중하는 모습을 지켜본다

또한 집중하는 시간은 아이가 책상과 의자(또는 바닥)에서 마련

된 활동에 임하고 있을 때만이
아니다.

예컨대 아이와 보내는 나날 중에 다음과 같은 모습을 일상생활에서 본 적 없을까?

- 공원에 가면 돌멩이를 많이 찾아와 모은다.
- 나무토막이 넘어지지 않게 필사적으로 쌓는다.

- 엄마의 파자마 단추를 열심히 채워 주려고 한다.
- 아빠가 읽어 주는 그림책을 물끄러미 바라보며 이야기를 듣는다.

- 혼자 가만히 도감을 본다.
- 자전거를 타기 위해 여러 번 넘어지면서도 계속 연습한다.

등등 열거하자면 끝이 없다.

부모는 지나쳐 버렸을지 모르지만 사실 생활 속에서 아이는 무엇인가에 몰두하거나 집중하고 있다.

부모가 '이것에 집중해 주었으면' 하는 것과 실제 '아이가 집중해 있는' 것이 일치하지 않으면, 부모는 아이의 집중을 인정하지 못해 '집중하지 않는다'고 생각하기 십상이다.

그러나 시야를 조금 넓히면, 미처 알아차리지 못했지만 아이가 생활 곳곳에서 집중하여 어떤 일을 하고 있다는 사실을 알게 될 것이다.

▼ 집중력을 키우는 3가지 포인트

지금부터는 집중력을 키우기 위해서는 어떤 양육 태도를 가져야 하는지를 살펴보자.

집중력을 키우기 위해서는 3가지 포인트가 있다.

❶ 아이의 집중을 방해하지 않는다
❷ '하고 싶은' 아이의 마음이 이루어지는 환경을 마련한다
❸ 아이를 '관찰'하고 '조금 도전하면 해낼 수 있는' 절묘한 선을

찾는다

하나씩 차례로 살펴보자.

❶ **아이의 집중을 방해하지 않는다**

집중력을 키우는 데 **가장 중요한 것은 아이가 집중하고 있는 것을 방해하지 않는 것**이다.

아이가 무엇을 하고 있으면 "○○ 하고 있니?", "잘되고 있어?", "그건 이렇게 해야지" 하며 아이에게 말을 건네고 싶어진다. 하지만 **방해하는 것은 금물**이다.

집중하고 있을 때 말을 건네면 집중력이 끊긴다.

아이가 무엇인가에 몰입해 있다면 아이가 말을 걸어올 때까지 잠자코 기다리자.

단, 식사 시간이나 외출할 시간이 다가올 때는 최대한 기다렸다가 적절한 타이밍에 말을 건넨다.

나이가 들면 "조금 뒤에 외출할 거라서 지금 하면 도중에 나가게 될지도 몰라", "시곗바늘이 6에 오면 밥 먹자" 하고 앞일을 예측할 수 있게 사전에 알려 주는 방법을 써도 좋다.

❷ '하고 싶은' 아이의 마음이 이루어지는 환경을 마련한다

아이가 조용해서 보니 엄마 가방에서 지갑을 꺼내어 만지작거리며 놀고 있었다는 경험은 없을까?

부모는 그 모습을 보며 '장난한다'고 생각할지 모르지만 사실 아이는 '집중'하고 있는 것이다.

그럴 때 부모는 어떻게 하면 좋을까?

그때 필요한 양육 태도는 아이가 하고 싶은 것을 이룰 수 있는 환경을 만들어 주는 것이다.

'장난'이라고 생각하는 건 부모의 눈에 적절해 보이지 않는 것을 아이가 만지작거리고 있기 때문이다. 예컨대 엄마의 가방에 있는 물건을 꺼낸다거나, 책상 위에 놓인 것을 잡아당겨 떨어뜨리는 등의 일들이다.

그럴 때는 아이가 하는 일을 '안 되는' 것으로 취급하는 것이 아니라, 아이의 활동 공간에 아이가 자유롭게 넣었다 빼거나 잡아당길 수 있는 것을 마련해 주어 '이것은 엄마 것이니까 너는 이것을 가지고 놀라'고 하며 대신 가지고 놀게 한다.

그러면 어린 시기부터 무언가에 집중할 수 있도록 보장해 줄 수 있다.

❸ **아이를 '관찰'하고 '조금 도전하면 해낼 수 있는' 절묘한 선을 찾는다**

아이는 너무 간단한 과제에는 집중하지 못한다.

조금 어렵지만 약간 노력하면 해낼 수 있는 과제를 할 때 집중하는 모습을 볼 수 있다.

왜냐하면 '이건 아니야', '그럼 이렇게 해 보자', '어라? 이것도 아니네', '그럼 이건가?', '아, 해냈다!' 하는 <u>시행착오를 겪으며 해내려고 여러 번 도전하는 과정에서 집중이 일어나기 때문</u>이다.

아이의 집중력을 키워 주기 위해서는 아이가 '지금' 어떤 것에 흥미를 느끼는지, 어떤 것을 좋아하는지 <u>부모가 평소에 아이의 모습을 '관찰'하는 것이 중요</u>하다.

그리고 '조금 도전하면 해낼 수 있는' 절묘한 선을 찾아 아이가 흥미를 느끼는 것을 준비하고 체험할 수 있게 한다.

이 반복과 축적이 아이의 집중력을 키운다.

▼ **집중력은 매일 쌓일 때 비로소 얻어지는 것**

지금까지 이야기해 왔듯이 집중력은 하루아침에 몸에 배는 것이 아니다. 하루하루 경험이 쌓여 서서히 아이의 힘이 되어 가는 것이다.

지금 집중력이 없다고 하여 조바심을 내거나 초조해할 필요는 없다.

아이는 자신이 하고 싶은 일이 이루어지는 환경과 만났을 때나 자신의 흥미를 불러일으키는 것과 만났을 때, 백발백중 몰입한다. 그때는 부모의 말이 귀에 들리지 않을 정도로 집중한다.

그 하나하나의 모습을 소중히 여기면서 아이가 자발적으로 집중하는 순간을 기다려 준다.

그리고 부모가 어떤 것에 열중하거나 집중하는 모습을 보면서 아이는 어떤 일을 할 때의 바람직한 자세를 흡수해 간다.

핵심포인트

- 집중은 태어났을 때부터 시작되었다.
- 부모가 미처 알아차리지 못했을 뿐, 아이는 생활 곳곳에서 집중하고 있다. 그것을 소중히 여긴다.
- 아이가 집중하고 있을 때는 말을 걸지 말고 가만히 지켜본다.
- 부모가 집중하는 모습을 보면서 아이는 어떤 일을 할 때의 자세를 배운다.

아이가 어느 정도 나이가 들어 무언가에 집중하면, 부모도 그 곁으로 가서 자신이 좋아하는 일이나 하고 싶은 일에 집중하며 그 시간을 공유해 보자.

 육아 멘토링

텔레비전이나 동영상을 잘 이용하는 방법

텔레비전이나 동영상 시청은 '시간'을 정한다

아이가 텔레비전이나 동영상을 보고 있을 때 그만 보게 하면 "더 보고 싶어요!", "더 볼래요" 하고 울며 떼쓴 적은 없는가?

어떻게 하는 것이 아이에게 좋을까? 텔레비전이나 동영상 시청에 있어서 어떤 양육 태도로 대처해야 할지 고민하거나 주저한 적이 있을 것이다.

나이에 따라 다르지만, 텔레비전이나 동영상에서 배우는 것도 있어서 '동영상=나쁘다'고 일괄적으로 단정할 수는 없다. 하지만 아이의 발달을 고려하여 부모가 시청을 제한할 필요는 있다.

먼저 2세 이하의 아이에게는 적극적으로 텔레비전이나 동영상을 보여 주지 말고, 3세 이후에도 시청 시간에 제한을 두어 한정적으로 텔레비전이나 동영상을 보여 준다.

나이가 어릴수록 집중하여 보고 있다기보다는, 정확히는 움직이는 영상에서 눈을 뗄 수 없는 상태에 있다고 볼 수 있기 때문이다.

텔레비전이나 동영상을 보여 주면 얌전히 집중하고 있는 것 같아서 방해하지 않고 지켜보려고 한다. 하지만 미디어 시청에 있어서는 지켜보는 것이 아니라 말을 걸고 함께 공유하는 양육 태도가 바람직하다.

가급적 아이 혼자 보지 않도록

0~6세의 유아기에는 아이가 스스로 환경(물건이나 사람)과 접하고 오감을 총동원하여 느끼는 것이 신체 발달이나 정서 발달에 있어서 매우 중요하다.

이런 이유에서 가능하다면 아이가 수동적으로 혼자 텔레비전이나 동영상을 보는 시간은 줄여야 한다.

하지만 바쁜 시간에 혼자 아이를 돌봐야 하는 엄마 아빠는 아이가 텔레비전이나 동영상을 보는 동안에 집안일을 할 수 있어 큰 도움이 된다고 생각한다.

그럴 때는 옆에 있을 수 없더라도 아이 혼자 보게 두는 게 아니라 '○○가 나왔구나' 하는 식으로 말을 걸거나 흘러 나오는 노래를 함께 부르거나 춤을 추면서 그 시간을 함께하도록 한다.

유아기는 앞으로 살아가는 동안에 사용하는 '언어'를 획득하기 위한 중요한 시기이기도 하다.

언어는 사람과 사람이 의사소통을 하며 여러 정보를 받아들이는 가운데 획득해 가는 것이다. 아이가 어휘를 풍부하게 획득하도록 하려면, 텔레비전이나 동영상을 수동적으로 시청하게 두는 것은 가급적 피하고 엄마 아빠가 아이와 대화를 나누며 공감하려는 의식을 가진다.

시청 시간이 아니면 끈다

나이가 들어 장시간 텔레비전 시청이 습관이 되지 않게 하려면 텔레비전을 계속 켜 두는 것을 피한다. 시청할 때만 켜고 다 보면 텔레비전을 끈다.

　텔레비전이나 동영상이 항상 틀어져 있으면 무심코 주의가 거기로 향하게 되어 식사 속도가 느려지고 제대로 진행되지 않는다. 한창 어떤 일을 하는 중이라면 집중할 수 없게 되기도 한다.

　아이의 주체성이나 사고력, 집중력 등 발달 측면에서도 시청 시간에만 텔레비전을 켜도록 한다.

동영상을 잘 이용한다

　아이가 어느 정도 나이가 들면 텔레비전이나 동영상에서 배우게 된다.

　예를 들어, 아이가 '이것은 왜 이런 거예요?', '어떻게 하면 돼요?' 하는 의문을 가질 때 현실적으로 구체적인 사물을 보여 줄 수 없다면 동영상을 이용하여 아이와 함께 보는 방법도 있다.

　그러나 그때도 부모가 설명을 보태면서 아이와 함께 시청하는 게 포인트다.

　아이에게 완전히 맡겨 버리거나 궁금한 것을 해결한 뒤에도 아이가 동영상을 보지 않도록 분명히 말해 둔다.

4장

다른 사람과의 관계나 말투에 대하여

마음에 안 들면 때리거나 깨무는 아이

– 자신의 기분을 '말'로 전할 수 있도록

▼ 아이의 마음속에 무슨 일이 일어나고 있을까?

생각처럼 되지 않거나 싫은 게 있으면 말로 하는 것이 아니라 갑자기 사람을 때리거나 깨문다.

그런 아이의 모습에 불안을 느끼는 부모도 적지 않을 것이다.

유치원에서 친구를 때리거나 물지는 않을지 걱정되기도 한다.

또한 집에서 기분 나쁜 일이 있으면 엄마나 아빠를 때리거나 물어서 당혹스러운 부모도 있을지 모른다.

아이는 나이가 어릴수록 자기 생각을 말로 표현하는 게 어렵다. 그래서 말 대신에 몸을 써서 표현하려는 경향이 있다.

상대방이 하는 말은 이해할 수 있을 만큼 많은 어휘가 입력되어 있지만, 그것이 원활히 입 밖으로 나오지 않는다.

그런 까닭에서 아이는 말할 때 사용하는 입으로 '깨무는' 행위를 하기도 한다.

아이는 아무 이유 없이 때리거나 깨무는 게 아니다. 상대에게 전하고 싶은 생각을 마음대로 표현하지 못해 안타깝고 애가 타기 때문이다.

▼ 말로 전하는 힘을 키우는 3가지 포인트

비록 때리고 무는 행위가 '의도한 것'이 아니라고 해도, 어떤 생각을 가지고 있다 해도, 사람에게 해를 끼치는 일은 결코 좋은 수단이라고 할 수 없다. 물론 자신에 대해서도 그렇다.

그때 어떤 양육 태도로 아이를 대하면 좋을까?

다음의 3가지 포인트를 의식한다.

❶ **신체를 사용하여 제지한다**
❷ **때리고 깨무는 행위는 해서는 안 되는 것임을 분명히 알린다**
❸ **마음을 대변해 준다**

자세히 살펴보자.

❶ 신체를 사용하여 제지한다

아이가 때리거나 물 때는 먼저 그 행동을 몸으로 막는다.

"때리면 안 돼", "물면 안 돼" 하고 말로만 제지하는 것이 아니라 때리는 손을 잡거나 물고 있는 입을 벌리는 등 몸으로 막는다.

❷ 때리고 깨무는 행위는 해서는 안 되는 것임을 분명히 알린다

그리고 나서 '때리지 마', '물지 마' 하고 말로 알려 '해서는 안 되는' 일임을 분명히 전한다.

이때 <u>아이가 알아들을 수 있도록 간단하고 명확하게 제시하는 것이 포인트</u>다.

예컨대 "안 되지! 이러면 아파. 봐, 이렇게 됐잖아. 너도 맞는 거 싫지? 그럼, 미안하다고 사과해야지. 이제 때리면 안 돼! 알았지? 됐지?" 하고 길게 이야기하면 아이는 무슨 말인지 알아듣지 못한다. 결국 중요한 핵심이 무엇인지 이해하지 못하는 것이다.

❸ 마음을 대변해 준다

해서는 안 되는 일을 명확하고 분명하게 말한 뒤에는 아이의 마음을 대변해 준다.

때리거나 물거나 하는 것은 결코 좋은 수단이 아니지만, 거기에는 아이 나름의 이유가 있다. "저 장난감을 갖고 놀고 싶었
구나", "순서를 뺏겨서 싫었구나" 하고 아이 나름의 이유나 마음을 대변해 준다.

그럼으로써 '엄마가 나를 이해한다'는 안도감을 느낄 뿐 아니라, 자신의 마음이 어떠한지도 인식할 수 있게 된다.

상황에 따라서는 어떤 이유로 때리고 물었는지 부모로서 도저히 알 수 없을 때도 있다. 다른 사람과 대화를 하거나 다른 아이를 돌보는 등의 다른 일을 하느라 하루 종일 아이를 지켜볼 수도 없고, 보고 있었다고 해도 느닷없이 벌어지기도 한다.

그럴 때는 그저 '기분이 나빴구나' 하고 아이의 마음을 받아 준 뒤에 '뭐가 기분 나빴는지 말해 줄래?'라고 아이에게 묻거나 '이거 빼앗겨서 싫었어?' 하고 상황을 보며 추측해서 물어본다.

아이에게 어떤 이유가 있거나 기분이 어떤지 부모가 대변해 주

4장 ···· 다른 사람과의 관계나 말투에 대하여

는 게 가장 좋지만, 그 진상을 몰라도 '이해하려고 애쓰는 부모의 모습'이 아이의 마음을 진정시키고 '나는 충분히 가치가 있는 존재'라는 감정을 가지게 한다.

▽ 말을 사용한 구체적인 표현법을 알려 준다

아이가 해도 되는 것과 하면 안 되는 것을 이해하고 스스로 생각하고 행동하게 하기 위해서는 '때리지 마' 하고 분명히 알려 주고 아이의 마음을 대변해 주는 것으로 끝내서는 안 된다. 그 이후의 태도가 무엇보다 중요하다.

그것은 **구체적인 언어 표현을 알려 주는 것**이다.

"이럴 때는 '빌려줄래' 하고 말해 봐."
"그럴 때는 '내 차례야' 하고 말해."

이처럼 구체적으로 어떤 말을 하면 좋은지를 천천히, 또박또박, 전한다. '이럴 때는 빌려 달라고 해야지'라고 흘려 말하는 게 아니라, "이럴 때는 '빌려줄래' 하고 말하자"라고 아이가 말해야 하는 부분을 강조하면 아이가 쉽게 이해할 수 있다.

말로 자신의 생각이나 마음을 전하길 바라는 마음에서 '때리면 안 돼, 말로 해야지!' 하고 말하는 데에 그치는 일이 대부분이므로, 아이가 구체적으로 어떻게 표현하면 좋을지 그 방법까지 전달할 수 있도록 의식한다.

여러 상황에 맞닥뜨릴 때마다 '이럴 때는 이렇게 말하자' 하고 구체적인 표현 방법을 알려 줌으로써 아이 안에 '자신의 마음'과 '말로 표현하는 방법'이 연결되어 간다. 그러다 보면 차츰 어휘가 입력되고 조금씩 적절한 말로 표현할 수 있게 되는 것이다.

▼ 초조나 불안을 떨쳐 내고

우리 아이가 손찌검하는 모습을 보면 부모로서는 평정심을 유지하기가 어렵다. 왜 손부터 나가는지, 어떤 스트레스가 있는지, 여러 생각이 밀려온다.

초조하거나 불안한 마음에 감정적으로 화를 내거나 꾸짖을지도 모른다.

물론 '해서는 안 되는 행동'이므로 엄하게 말할 필요는 있다.

그러나 **부모가 감정적으로 화를 내거나 야단을 치면 '엄마가 화났다'는 인상이 가장 강하게 남아서 실제로 전해야 하는 '때리는**

것은 하면 안 되는 행위'라는 것과 '구체적인 표현 방법'이 아이에게 잘 전해지지 않게 된다.

우선은 조바심이나 걱정, 짜증은 일단 걷어 내고 전하고 싶은 것을 냉정하고 진지하게 전하기를 권한다.

▼ 엄마 아빠를 때릴 때는

친구가 아니라 엄마나 아빠를 때리기도 한다.

그럴 때는 아픔을 참지 말고 '아파', '엄마는 슬퍼' 하고 솔직하게 마음을 표현한다.

그때 주의할 점은 '해서는 안 되는 행동'에 웃음이 터질 것 같더라도 그 웃음을 꾹 참고 아이에게 진지하게 말해 주는 것이

다. 때리거나 물었을 때 엄마가 "아프잖아, 짜증나", "그만해!" 하고 웃으면서 장난처럼 말하면 '엄마가 재미있어 한다', '해도 괜찮다'고 배워서 다시 엄마의 반응을 보려고 같은 행동을 반복한다.

우리 아이가 누군가를 때린다는 것을 알게 되면 불안하고 걱정되는 그 마음은 누구보다 잘 안다. 지금은 비록 미숙하더라도 아이에게 '해서는 안 되는 행동'을 명확하게 알려 주고 아이의 마음을 대변하며 마지막으로 '구체적으로 말로 표현하는 방법'을 알려 주면 언젠가는 반드시 아이가 말로써 자신의 마음이나 생각을 상대방에게 전하게 되니 마음 놓아도 좋다.

- '해서는 안 되는 행동'을 분명하고 진지하게 알려 준다.
- 아이의 마음을 대변하고 그 마음을 받아 준다.
- 때리는 것 말고 어떻게 표현하면 좋은지 구체적인 언어 표현을 알려 준다.

물건을 빌려주지 않는 아이
– 빌려주지 않는 아이는 나쁜 아이?

▼ 유아기는 아직 자기 물건을 남에게 빌려주지 않아도 좋다

아이들이 놀 때는 서로 장난감을 가지고 놀겠다며 싸움이 벌어지기도 한다.

그럴 때 부모는 '친구에게 빌려줄까?', '같이 가지고 놀면 되잖니' 하고 아이를 억지로 부추기는 일이 많다.

그러나 유아기(그중에서도 특히 0~3세)에는 '빌려야 한다', '빌려줘야 한다'는 사고에서 '빌려주지 않아도 된다'는 부모의 사고 전환이 필요하다.

왜냐하면 유아기는 '자신=개인'을 만들기 위해 스스로 하고 싶은 것을 선택하고 흥미로운 것, 즐거운 것을 누구의 방해도 없이 만족할 때까지 몇 번이고 반복하는 것이 중요하기 때문이다.

모처럼 흥미를 느낀 일도 '빌려주라'는 말을 듣고는 도중에 중단된다. 사용하는 놀이 도구나 장난감을 빌려줘야 하는 상황에서는 아이는 만족할 때까지 마음껏 놀 수 없다.

하고 싶은 일에 주의가 향하고 몰입해서 하는 도중에 갑자기 집중력이 끊기는 상황이 계속되면, 충분히 에너지를 발휘하지 못해 '늘 불만족스러운' 상태가 되어 버린다.

▼ 아이의 만족이 우선

예컨대 아이가 공원에서 놀이 도구를 가지고 모래놀이를 하고 있는데, 다른 아이가 다가와서 "그거 빌려줄래?" 하고 말했다고 가정해 보자.

그때 부모는 '빌려줄 수 있지?', '빌려주자'라고 억지로 강요하려 할지 모르지만, 여기서는 조금 신중해야 한다.

부모로서는 '친구에게 물건을 빌려주지 않는 아이가 되어 버리는 게 아닐까', '심술궂은 아이가 되는 건 아닐까' 하고 걱정이 될지 모른다.

그러나 **중요한 것은 '지금' 아이가 무엇을 원하는가**에 있다.

장차 아이가 어떤 사람이 될지 걱정한 나머지 '지금' 충족시켜 줘야 하는 것을 놓쳐 버리기도 한다.

'지금' 눈앞에서 아이가 바라는 것은 '놀이 도구를 다른 사람에게 빌려주는 게 아니라 만족할 때까지 혼자 가지고 노는' 것이다.

그 '지금' 바라는 것이 충족된 이후에 '사람에게 빌려주는' 단계가 찾아온다.

거절하는 힘을 키울 필요도

'빌려줘'라는 말을 들었을 때 '그래' 하는 답만 있는 게 아니다. 거절하는 일이 있어도 좋다.

우리 부모는 '조화'를 의식한 나머지 '사이좋게', '같이'라는 걸 무의식중에 아이에게 강요하기도 한다.

그러나 앞으로 아이가 혼자 힘으로 살아가는 데에는 무슨 일이든지 '좋다', '괜찮다'라고 승낙만 하는 것이 아니라 때로는 거절할 수 있어야 한다.

▽ 커뮤니케이션 방법을 알려 주는 부모의 양육 태도

그렇다면 어떤 양육 태도를 가져야 할까?

예를 들어, '빌려줘', '같이 가지고 놀자'라는 말을 들었을 때 상대의 요구를 무시하거나 싫다며 화만 낸다면 원활한 의사소통이 이루어지지 않는다.

아이가 빌려주기 싫다면 그 마음을 상대에게 말로 전하는 구체적인 언어 표현법을 알려 줄 필요가 있다.

아이들 사이에 문제가 생겼을 때는

"'지금은 내가 가지고 놀고 있어'라고 말하는 거야."

"'놀이가 끝나면 빌려줄게'라고

말하면 돼."

이처럼 자기 생각을 전하는 구체적인 언어 표현을 아이에게 알려 줄 수 있는 절호의 기회이다.

아이가 아직 어려서 자기 생각을 제대로 말하지 못한다면 부모가 대신하여 말해 줄 수도 있다.

혹은 '나중에 빌려줄게' 하고 아이가 할 수 있는 표현법을 알려 주고 실제로 말할 수 있게 도와주는 것도 좋다.

부모가 구체적으로 어떻게 말하면 되는지 그 표현법을 보여 줌으로써 아이가 장차 스스로 의사소통하는 모습으로 이어진다.

▼ 공공장소에서의 규칙을 알려 준다

물론 가끔은 '너는 나중에 놀면 되니까, 친구에게 먼저 빌려주는 건 어때?' 하고 제안하는 양육 태도도 좋다.

하지만 아이가 싫어하는 걸 굳이 억지로 시킬 필요는 없다.

자신의 장난감을 빼앗길 수 있다는 불안감을 느끼지 않고 혼자서 충분히 놀았다면, 아이는 부모가 시키지 않아도 자연스럽게 친구에게 장난감을 빌려줄 수 있게 된다.

단, 공원이나 키즈 카페 같은 곳에서 '다른 아이들과 같이 사용하는 것을 전제'로 설치된 미끄럼틀이나 대형 놀이기구, 장난감 등을 우리 아이가 계속 독차지해 노는 것은 별개의 이야기이다.

그럴 때는 아이의 마음을 받아 주고 차례를 기다리는 '공공장소에서의 규칙'을 말해 준다.

예컨대 키즈 카페의 장난감을 독차지하고 있을 때는 '한 개씩 가지고 놀자'라고 **명확하게 말하고** '다른 친구도 가지고 놀아야 하니까'라는 것을 **여러 번 반복하여 알려 준다.**

연령이 낮은 0~2세 무렵에는 '친구들과 같이 가지고 노는 거야', '차례를 기다리는 거야' 하고 말해 주고 **부모가 아이와 함께 기다려 준다.**

이때는 하고 싶으면 곧바로 몸이 움직이는 시기라서, 아이는 눈앞에 있는 장난감을 가지고 놀 수 없는 상황이 고통스러울 수밖에 없다.

부모는 아이와 손을 잡거나 스킨십을 나누거나 노래를 부르면서 함께 차례를 기다려 준다.

▼ 주위 시선에 신경 쓰지 않는다

여기까지 읽고 '그래도 주위 시선이 신경 쓰인다'고 말하는 사람도 있을지 모른다.

'이 엄마는 애를 버릇장머리 없이 키운다고 싫어하는 거 아닐까?' 하고 주위 사람들에게 어떻게 보일지 늘 신경을 쓴다.

그러나 그 자리에서 부모가 어떻게 보여지는가보다도 아이가 만족할 때까지 마음껏 하여 '자신=개인'을 형성하는 데 집중하는 것이 훨씬 더 중요하다.

주눅 들고 창피해서 "친구에게 빌려주지 않으면 여기서는 놀 수 없다"며 아이에게 '빌려주지 않으면 나쁜 아이'라는 꼬리표를 붙이지 않도록 주의한다. <u>유아기에는 빌려주는 것보다 자신을 만드는</u>

 핵심포인트

- '빌려준다'는 것보다 아이 스스로 만족하고 '자신'을 만드는 것이 중요하다.
- 그 자리에서 구체적으로 어떤 말로 거절하면 좋은지 적절한 대답을 알려 준다.
- 공공시설에서 다른 사람과 함께 사용하는 물건에 대해서는 규칙을 알려 준다.

것, 싫을 때 자신의 마음을 어떻게 전하면 되는가 하는 커뮤니케이션 능력을 키워 주는 것이 중요하다.

아이는 '지금' 원하는 것을 충분히 즐기고 거기서 얻은 만족감에 힘입어 다음 단계로 나아간다.

가지고 노는 장난감을 '빌려 달라'는 말을 들었을 때 '좋아'라는 답만을 하는 게 아니라 자신이 만족할 때까지 놀아도 된다는 것, 거절할 때에는 구체적으로 어떤 언어 표현을 하면 좋은지를 아이에게 알려 준다.

솔직하게 사과하지 않는 아이
– 스스로 '사과하자'는 마음을 갖게 하는 요령

▼ **유아기는 마음으로 느끼는 원체험이 중요하다**

아이들 사이에 문제가 일어났을 때 우리 아이가 선뜻 '미안해' 하고 사과하지 못하는 모습을 보고는, '왜 순순히 사과하지 못할까?', '언제쯤 미안하다는 말을 할까?' 하고 고민한 적이 있을지 모른다.

'사과'하는 행위에서 중요한 것은, 문제가 생겼을 때 단순히 기계적으로 '미안해'라고 말하거나 사과하기 싫은데 부모가 시켜서 억지로 '미안해'라고 말하는 것이 아니다. **아이가 사과할 필요성을**

느끼고, 미안한 마음을 전하기 위해 자발적으로 "미안해"라고 말하는 것이 중요하다.

사과하는 의미를 아직 제대로 알지 못하는 아이에게 "사과하라"고 말할 때, '문제가 일어났다=사과하면 끝'이라는 것을 전하고 싶은 것은 아닐 것이다.

유아기는 '사과하는' 것보다 아이가 무엇을 느끼고 상대를 어떻게 생각하는가 하는 원체험이 중요한 것이다.

구체적으로 말하면, 문제가 생겼을 때 상대방이 울고 있는 모습을 보고는 "내가 뭘 슬프게 했나?", "아프게 했구나" 하고 아이가 진심으로 느끼는 체험이다.

그런 원체험을 통해 어떤 행동은 하면 안 되는지, 무엇이 미안했는지를 생각한다. 사람의 마음을 헤아리고 '어떻게든 이 문제를 해결하자', '좋은 관계로 회복하자'고 아이 나름으로 느끼는 게 중요하다. 그리고 그런 경험이 '솔직히 사과하는' 행위로 이어지는 것이다.

▼ 0~3세는 욕구대로 행동한다

0~3세의 시기에는 특히 '자신'을 만드는 데 열중한다. 그래서 주위에서 벌어지고 있는 일이나 다른 사람의 마음이나 생각에 아무래도 관심을 가지기가 어려운 시기이다.

아이는 '지금' 하고 싶은 것, '지금' 가지고 놀고 싶은 장난감, '지금' 가고 싶은 곳 등등 항상 '지금' 자신이 무엇을 하고 싶은가 하는 욕구에서 움직일 때가 많은 발달단계에 있다.

예컨대 아이가 친구의 장난감을 갑자기 빼앗았다고 해도, 아이

로서는 '친구의 장난감을 빼앗자' 하는 악의를 가지고 가져갔다기보다, '저 장난감이 좋아 보이네. 가지고 놀고 싶다'고 생각한 장난감이 우연히 친구의 장난감이었을 뿐이다.

부모의 입장에서는 '다른 사람이 가지고 있는 물건을 함부로 빼앗지 않는다'는 규칙이 당연해 보인다.

그러나 아직 이 세상에서 무엇이 당연한지를 획득해 가는 아이에게는 선반에 놓여 있는 장난감을 가져오는 것이나, 친구가 가지고 있는 장난감을 손에 쥐는 것이나 별반 다를 게 없어 보인다.

결국 아이는 해서는 안 되는 행동이라는 자각 없이 그저 자신의 욕구에 따라 행동하고 있는 것이다.

▼ 상대의 표정이나 마음을 알아차리는 4가지 포인트

하지만 자각하지 못한다고 해서 뭐든 해도 되는 것은 아니다.

이를테면, 앞의 예처럼 친구의 장난감을 빼앗아 친구가 울음을 터뜨렸다고 가정해 보자.

그럴 때 부모는 어떤 태도를 보이면 좋을까? 포인트는 다음의 4가지이다.

❶ 친구가 가지고 노는 장난감이라는 사실을 알려 준다

❷ 친구와 놀 때의 규칙을 알려 준다

❸ 친구의 마음을 말로 표현한다

❹ 사과하는 방법을 알려 준다

자세히 살펴보자.

❶ 친구가 가지고 노는 장난감이라는 사실을 알려 준다

먼저 "이것은 친구가 갖고 노는 장난감이야" 하고 친구가 가지고 놀고 있음을 아이에게 알린다.

❷ 친구와 놀 때의 규칙을 알려 준다

그리고 아이의 마음을 받아 주면서 '이 장난감을 가지고 놀고 싶구나. 하지만 친구가 가지고 노는 건 빼앗으면 안 돼' 하고 규칙을 알린다.

❸ 친구의 마음을 말로 표현한다

이어서 친구나 지금 상태에 대하여 느끼고 생각할 수 있도록 말을 건넨다.

"○○야, 친구는 장난감을 빼앗겨서 슬픈가 봐. 울고 있네."

여기가 포인트다.

상대가 어떤 표정을 하고 있는지, 어떤 기분인지를 아이가 느끼고 생각할 수 있도록 말해 줌으로써, 다른 사람의 마음을 생각하거나 사과의 필요성을 느끼는 등의 다음 단계로 이어진다.

❹ **사과하는 방법을 알려 준다**

그리고 "이때는 '미안해'라고 말하는 거야. '미안해' 하고 장난감을 돌려주자" 하고 사과하는 방법을 알려 준다.

이때 엄마를 따라서 "미안해"라고 말할 수 있는 나이라면 "같이 말해 볼까?"라며 아이가 사과하는 걸 도와준다.

아직 어려서 말을 하지 못한다면 아이를 대신해서 부모가 "미안해"라고 말하는 모습을 보여 준다. 그럼으로써 '이럴 때는 "미안해"라고 말하는 거구나' 하고 아이가 흡수할 수 있다.

▼ 사과하는 타이밍은 아이에게 맡긴다

아이의 연령이 높아져서 언어적으로 발달하여 '미안해'라고 말할 수 있게 되었더라도 사과할 마음이 뒤따르지 않으면 아이는 말하지 못한다.

　그때에도 "이제 ○세가 됐으니 어서 미안하다고 해!"라며 억지로 사과하도록 강요하지 않아도 괜찮다.

　나이가 들수록 문제는 복잡해져 일대일 상황으로 끝나지 않을 때도 있다.
　그래서 0~3세 때보다 왜 문제가 되었는지, 상대는 무슨 생각인지 등등을 '느끼는' 일을 더욱더 중시하여 아이 스스로 생각할 시간을 가지게 하는 것이 중요하다.
　그리고 아이가 느낀 걸 부모가 확인한 뒤에 '미안해'라고 사과하는 타이밍을 아이에게 맡긴다.

　부모도 예컨대 부부싸움을 했을 때 "말이 지나쳤어", "내게도 잘못이 있었던 거 같아"라고 느껴도 **마음이 뒤따르지 않으면 곧바로 솔직하게 사과하지 못하기도** 한다.
　가령 그때 누군가 사과를 강요하면 오히려 더 사과하고 싶지 않게 된다. 그건 아이도 다르지 않다.
　"네가 사과하고 싶을 때 사과해"라고, 사과할 타이밍을 아이에게 맡긴다.

한편 아이가 사과하고 싶어도 좀처럼 사과하지 못할 때는 "엄마랑 같이 사과하러 갈까?" 하고 도움의 손길을 내민다.

부모의 도움을 약간 빌리거나 든든한 부모가 곁에 있어 주는 것만으로도 용기가 생긴다.

중요한 점은 혼자서 곧바로 '사과하는' 것이 아니라 문제를 통해 무엇을 느끼고 무엇을 배우는가 하는 것이다.

▼ 일상생활 속에서 부모가 사과하는 모습을 보인다

마지막으로, 가장 중요한 포인트에 대하여 얘기해 보자.

이미 알아차렸을 것이라고 생각하는데, 그건 바로 '부모가 사과하는 것을 당연히 여기는' 것이다.

 예를 들어, 아이와 함께 생활하다 보면 고의는 아닐지라도 아이와 부딪치거나 아이가 소중히 여기는 물건을 고장 내거나 하는 일이 생긴다.

 그때는 아이의 눈을 보고 마음을 담아 사과하자.
 아이는 그런 부모의 모습을 흡수한다.

 지금 당장 아이가 솔직하게 사과할 수 없어도 서두르는 마음에 잠시 브레이크를 걸고, 우선은 아이가 마음으로 느끼는 것을 중시하자.

 장기적으로 보면, 그렇게 하는 것이 아이의 사고하는 힘을 키워 자신의 머리로 생각하고 행동하는 힘으로 이어진다.

 핵심포인트
- 사과하는 것보다 마음으로 느끼는 원체험이 중요하다.
- 사과를 강요하는 것이 아니라 우선은 부모가 본보기로서 아이와 함께 사과한다.
- 부모가 일상생활 속에서 사과하는 것을 당연시한다.

낯가림이 심한 아이
– 빨리 바로잡지 않으면 인간관계가 서툴러진다?

♥ 금세 없어지는 아이도 있고 좀 더 시간이 걸리는 아이도 있다

아이가 부끄럼이 많아 낯가림이 심하다. 그래서 먼저 인사하지 못하고, 다른 사람과 허물없이 지내는 데도 시간이 오래 걸린다.

낯가림이 심한 아이의 모습에 '괜찮을까?' 하고 걱정되어 불안한 적도 있을 것이다.

그러나 조바심 내지 않아도 된다. 아이는 시시각각 변하고 자기 나름의 속도로 성장해 가고 있다.

아이가 성장하는 데 있어 자기 속도로 발달하는 것과 그 아이의 개성을 무조건 받아 주는 양육 태도는 꼭 필요한 요소이다.

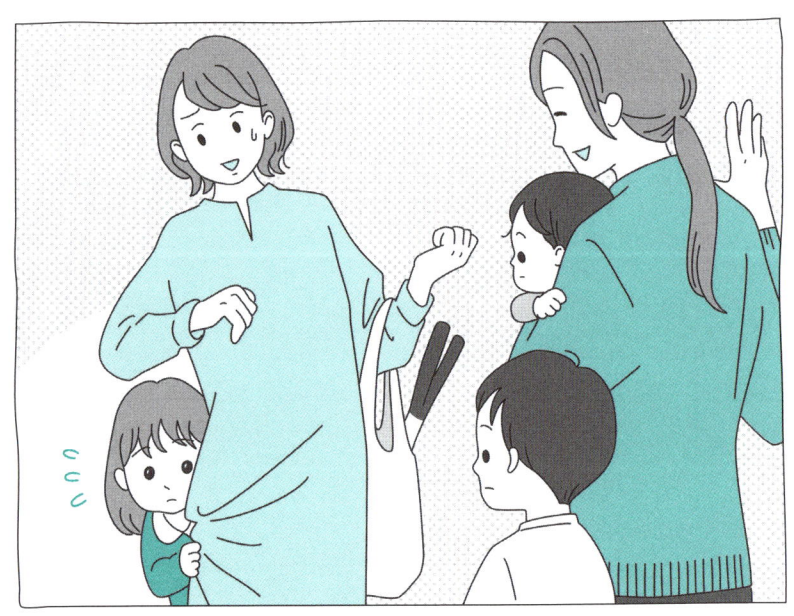

　금세 다른 사람과 친해지는 아이가 있는가 하면, 사람과 이야기를 나누는 것조차 부끄러워하는 아이가 있다. 누구와도 곧 친해지고 부끄럼 타지 않으며 적극적인 자세로 관계를 만드는 것이 반드시 좋고 바람직하다고는 할 수 없다.

　지금은 조금 부끄럼을 타기에 자신의 속도로 천천히 관계를 만들어 가기를 원하는 아이에게 다른 사람과 스스럼없이 대화하고 적극적으로 관계를 형성해 나가기를 강요한다면 아이는 괴로울 뿐이다.

우선은 '지금' 아이가 원하는 것을 충족시켜 주는 게 중요하며, 아이의 그 바람이 이루어지면 다음 단계로 나아가는 힘으로 변화해 간다.

난처한 게 부모라면 주의가 필요하다

또한 그 모습(예를 들면, 아이가 낯을 가린다)에 곤란해하는 게 누구인지 파악하는 것이 중요하다. 낯가리는 성격 탓에 다른 사람과 이야기를 나누는 게 부끄러워서 곤란한 것이 아이 자신일까? 혹은 어떻게 하면 좋을지 몰라 난처한 것은 부모 자신이 아닐까?

아이가 곤란해하는 경우에는 역할극을 해 본다

사실은 말하고 싶은데 부끄러워서 말하지 못해 곤란한 것이 아이라면 부모가 아이의 곁에서 힘을 보태 준다.

그 마음을 받아 주고 "이런 식으로 이야기하면 돼" 하며 구체적인 방법을 알려 주거나 "그럼 엄마가 친구라고 생각하고 한번 말해 볼래?" 하는 식으로 역할극을 통해 자신감을 키워 준다.

그러나 아이는 아무렇지도 않은데 부모가 곤란함을 느끼는 경우라면, 특히나 신중한 양육 태도가 필요하다.

왜냐하면 아이의 모습은 항상 변하고 있으며 '지금' 보이는 모습은 성장하는 '과정'에 지나지 않기 때문이다.

▼ 색안경을 벗는다

아이는 시시각각 변화하고 있는데 부모가 '이 아이는 낯가림이 있다', '언제나 말하는 데 시간이 오래 걸린다'고 단정해 버리면, 무의식중에 '이 아이는 낯을 가리니까'라는 색안경을 쓰고 아이를 보게 된다.

사실 이전에는 상대의 눈을 전혀 보지 못했지만, 지금은 눈을 보고 말할 수 있게 되었을지도 모른다. 아이는 조금씩 자기 나름의 성장 속도로 발달해 가고 있을 것이다.

그런데도 '이 아이는 낯을 가리니까'라는 색안경을 쓰고 아이를 바라보면, 그 같은 작은 변화는 눈에 보이지 않게 된다.

용기를 내어 대화하려고 노력하는 모습을 알아차리지 못하게 되는 것이다.

아이를 인정하는 태도가 아이를 지지한다

부모의 기대가 지나치게 크면 아이 나름으로는 전보다 조금씩 발달한다 해도, 부모의 머릿속에 그려져 있는 아이의 모습에 미치지 못해 인정받지 못하기도 한다.

아이의 모습은 어떤 일에든 갑자기 극적으로 변화하지는 않는다. 하루하루 차곡차곡 쌓여 작은 단계를 밟듯이 변화해 간다. **아이의 성장을 지지하기 위해서는 작은 변화를 알아차리고 그 모습을 인정해 주는 부모의 양육 태도가 필요**하다.

이전에는 부끄러워서 인사도 하지 못하던 아이가 작은 목소리로 인사했다면 "'안녕'이라고 말했구나. 친구도 분명 들었을 거야" 하고 그 모습을 인정해 준다. "작게 말하면 안 들리잖니", "좀 크게 말해야지"라며 다시 하라고 지시를 받거나 직접적으로 지적당하면 아이는 입을 다물어 버린다.

급할수록 돌아가라는 말이 있듯이, 아이가 지금 해낸 일을 인정해 주는 것이 중요하다.

▼ '아이가 낯가림이 있어서'라는 말이 낯가리는 아이를 만든다

한 가지 알아 두어야 할 것이 있다. 그것은 아이 앞에서 '이 아이는 낯가림이 있어서'라고 말하지 않도록 주의하는 것이다.

아이는 사람을 대할 때 왠지 떨리고 부끄러움을 느끼지만 '나는 낯가림이 있어'라고는 인식하지 못한다.

그런데 부끄럼 때문에 어떤 일을 하지 못했을 때 부모가 '이 아이는 낯가림이 있다'라고 말하면(아이의 행동을 만회할 생각에서), '아, 나는 낯을 가리는구나' 하는 낙인이 생겨 버린다.

그러면 마음 어딘가에서 '나는 낯을 가리니까…'라는 인식이 계속 가로막아 정말로 소극적인 사람이 되어 버릴 수 있다.

여러분도 비슷한 경험이 있을 것이다.

"너는 정말 덜렁대는구나", "너는 진짜 멍청해"라고 자신을 비하하는 말을 자꾸 듣게 되면, 진짜로 멍청하지도 않은데 "아, 나는 멍청이야" 하며 스스로 자신에 대하여 꼬리표를 달고 자신감을 잃게 된다.

지금 한창 성장해 가는 과정에서 보이는 아이의 모습을 부모가 단정적으로 바라보면 그 시점의 모습이 고정될 수 있다. 아이의 성장을 방해하지 않도록 부모가 의식적으로 배려하는 것이 중요하다. 그리고 자신감과 자존감을 키우기 위해서라도 아이 앞에서는 말하는 데에 매우 신중하지 않으면 안 된다.

낯가리는 게 결코 나쁜 일은 아니다.

'지금' 아이는 수많은 정보를 한창 입력하는 중이다. 자신이 '괜찮다'고 생각하게 될 때 아이는 스스로 다른 사람과 관계를 맺고 대화를 나누게 된다.

아이에 대한 부모의 기대나 부모가 원하는 모습을 전면에 내세우는 것이 아니라, 아이의 '지금'을 소중히 여기면서 초조해하지 말고 아이가 자기 나름의 속도로 나아갈 수 있도록 곁에서 돕는다.

 핵심포인트
- 아이가 부끄러워한다면 억지로 강요하지 않는다.
- 색안경을 쓰지 않은 맑은 눈으로 아이를 본다.
- 조금씩 변화해 가는 아이의 모습을 인정한다.
- 아이 앞에서 '이 아이는 낯을 가려요'라고 말하지 않도록 주의한다.

거친 말투가 마음에 걸린다면
- 올바른 말투를 가르치는 방법

▼ 태어나서 첫 3년간은 언어 획득에 중요한 시기

언어는 태어났을 때부터 이미 주어지는 것이 아니라 출생 이후 스스로 획득해 가는 것이다.

태어날 때 아이가 가지고 있는 능력은 '자신이 있는 환경에 필요한 언어를 획득하는 힘'이다. 그 힘을 사용하여 아이는 처음 3년 동안 수많은 어휘를 받아들여 배우고, 그 이후에 언어를 한층 세련되게 다듬어 자신의 것으로 만든다.

그러기 위해 없어서는 안 되는 것이 언어의 입력이다. 아이가 많은 언어를 듣고 의사소통을 시도하고 사람들과 커뮤니케이션을 하면서, 아이는 언어를 획득해 간다.

사람은 듣지도 보지도 못한 말을 할 수는 없다. 인풋이 있기에 아웃풋할 수 있는 것이다.

▼ 0~6세에 어떤 말을 흡수하는지가 중요

언어를 획득해 가는 0~6세의 유아기에는 아이가 어떤 말을 입력할지 특별히 배려해야 한다.

이 시기는 아이 자신이 사용해야 할 말의 기준이 아직 획득되어 있지 않다.

부적절한 말이나 사람을 상처 주는 말로 가득한 환경 속에 노출되어 있는 아이라면 그런 말을 당연한 것으로 흡수하여 자신의 것으로서 획득한다.

그렇기 때문에 아이 주변을 어떤 말로 채울지 신경 써서 환경을 조성하는 것도 부모의 역할 중 하나가 된다.

먼저 아이와 가장 가까이 있는 부모가 예쁜 말, 풍부한 표현으로 이야기한다. 그것이 아이의 언어 발달과 정서 발달 측면에 도움을 주고 사물을 파악하는 힘이나 인격 형성에도 영향을 미친다.

무슨 일이든지 '굉장해', '위험해'라고 단순하게 표현하는 것이 아니라 '이 색이 예쁘다', '오늘은 몹시 춥구나'라는 등 풍부한 어휘를 사용하여 부모가 표현할 때에 비로소 아이도 풍부한 어휘를 자연스럽게 획득해 간다.

▼ 말투가 마음에 걸릴 때는 올바른 표현을 알려 준다

아이가 접하는 미디어나 그림책도 부모가 선별하여 환경을 마련해 주는 것이 중요하다.

그런데 연령이 높아져 친구가 생기거나 좋고 싫은 게 분명해지면 아이 스스로 볼 것과 들을 것을 선택하게 되면서 아무래도 여러 다양한 표현에 노출되는 것을 피할 수 없다.

그럴 때는 직접적으로 지적하기보다는 더 좋은 표현법을 알려 주자.

❶ 대놓고 부정하지 않는다

예를 들어, 부모가 무슨 말을 했을 때 아이가 "시끄러워!"라고 말했다고 가정해 보자.

그런 상황에서는 부모가 적절한 표현 방법을 알려 주는 것이 좋다. 하지만 "그런 말은 하는 게 아니야!", "엄마한테 '시끄럽다'니 그건 아니지!" 하고 직접적으로 대놓고 부정하면 둘 사이에 말다툼이 시작된다.

아이가 '시끄러워!'라고 말했을 때 어쩌면 정말로 엄마의 목소리가 시끄러웠는지도 모른다.

"알고 있었구나. '시끄럽다'고 하면 엄마가 제대로 알아듣지 못하지. 그럴 때는 '알아요'라고 말하면 좋겠어" 하고 다른 표현 방법을 알려 준다.

❷ **필요 이상으로 반응하지 않는다**

또한 유아기에는 '응가'라는 말만 들어도 까르륵 크게 웃음을 터뜨린다.

"이젠 응가라는 말은 안 할 거야"라고 반응하면 아이는 자신의 말에 부모가 반응했다는 사실에 크게 기뻐하며 자꾸 '응가'를 말하고 즐거워한다.

아이가 '응가'라고 말하며 재미있어할 때나 부모의 반응을 즐기고 있을 때에는 필요 이상으로 반응하지 말고 다른 화제로 돌리거나 그 자리를 잠시 떠난다.

❸ **흥미를 느낄 때가 배움의 기회**

반대로, '응가'에 대한 흥미를 무시하지 말고 오히려 신체에 대한 이야기로 발전시키는 방법도 추천한다. 도감이나 그림책 같은 시각적인 교재를 사용하여 응가가 몸 밖으로 나오는 구조를 설명해 주거나 여러 동물의 대변을 비교하면서 '응가'를 흥미진진하게 즐길 수 있다.

생식기나 젖가슴 등 신체에 관심을 가지는 시기는 성교육을 시작할 절호의 기회이기도 하다. 시각 교재를 사용하여 남녀의 신체적 차이, 기능의 차이, 어떻게 아기가 생기는지에 대하여 이야기할 매우 좋은 기회가 된다.

❹ **때와 장소에 맞지 않는 말은 제지한다**

물론 식사 중에도 계속 '응가' 이야기를 하거나 공공장소에서 큰 소리로 말하거나 '그만하라'고 말하는 사람이 있는데도 아이가 계속 말한다면, 그 자리의 상황에 맞추어 '네 얘기 듣느라 기분이 안 좋아. 그만해 줄래'라고 곧바로 제지할 필요가 있다.

부적절한 말을 할 때에도 마찬가지로 그 자리에서 제지한다.

그 제지하는 선을 어디에 둘지는 부모의 판단에 달렸지만, 다른 사람에게 상처 주는 말이나 언어폭력으로 이어지는 발언에는 '그런 말은 다른 사람에게든 너 자신에게든 하는 게 아니야'라고 따끔하고 분명하게 알려 준다.

▼ 아이가 쓰지 않기를 바라는 말은 부모도 쓰지 않는다

마지막으로, 아이의 언어 발달을 돕는 데 가장 중요한 대전제는 '아이가 하면 안 되는 말은 부모도 사용해서는 안 된다'는 것이다.

아이가 떼쓰며 울고 있을 때나 토라져 훌쩍일 때 "그만해, 시끄러워!"라고 말하거나 아이가 어떤 잘못을 저질렀거나 실수했을 때 "네 마음대로 해!"라고 말하거나. 여기서 자신의 모습이 떠올라 흠

칫 놀란 사람도 있을지 모른다.

그런 말을 들었을 때는 아직 그 말을 사용하지 못한다고 해도, 부모가 말하는 것을 들을 때마다 아이는 그 말을 입력한다.

그리고 그 말의 사용법을 이해하게 되어 '시끄러워'라는 말을 사용할 절호의 기회가 왔을 때 '이때다' 하고 "시끄러워!" 하며 아웃풋한다.

물론 엄마 아빠가 쓰는 말들이 아이가 입력하는 어휘의 전부는 아니다.

유치원 선생님이나 친구들, 미디어나 그림책 등을 통해서도 어

 핵심포인트

- 언어를 입력하는 유아기에는 풍부하고 아름다운 언어로 가득한 환경을 마련해 준다.
- 아이의 언어 사용법을 직접적으로 지적하는 게 아니라 더 나은 방법을 전한다.
- 해서는 안 되는 말을 아이가 사용할 때는 즉시 '안 된다'고 명확하게 알려 준다.
- 부모가 본보기라는 사실을 자각하고 사용하는 언어에 주의를 기울인다.

휘를 입력한다.

  그러나 아이가 바람직하지 않은 언어 표현을 사용했을 때 '이런 표현이 더 좋다'고 알려 주려고 해도 부모가 평소에 바람직하지 않은 언어를 사용한다면 전혀 설득력을 가지지 못해 아이에게 와닿지 않는다.

  부모로서 아이가 좋지 않은 말을 쓰지 않기를 바란다면, 먼저 부모 자신이 사용하는 말이 어떠한지를 돌아보고 자신의 말투에 주의하는 것이 무엇보다도 중요하다.

 육아 멘토링

학원은 보내는 게 좋을까?

뭔가 가르쳐야 한다는 조바심을 내려놓고 주변에 휘둘리지 않는다

최근에는 0세부터 무언가를 가르치기도 한다. 주위에서 어린아이에게 뭔가를 가르치면 '우리 아이도 뭘 가르쳐야 하지 않을까?' 하는 생각에 조급해지거나 주저하기도 한다.

그러나 그런 것에 조바심을 내거나 주변에 휘둘려서는 안 된다. 아이의 성장 속도와 흥미에 맞추는 것이 무엇보다 중요하다. 다른 부모와 똑같이 할 필요는 없다.

이 정도 연령이 되면 학원에 보내 피아노든 발레든 가르쳐야 한다고 정해진 것은 없다. 왜냐하면 한 사람 한 사람 흥미를 느끼는 대상도, 타이밍도 다르기 때문이다.

아이가 지금 하고 싶어 하는 것을 중시하자.

어른이 아이 교육에 이것저것 끼워 넣어 아이가 무언가를 배우느라 바빠지는 상황이 벌어지지 않도록 주의가 필요하다.

0~3세에는 특히 조바심 내지 말고 아이의 발달 속도에 맞춘다

0~3세의 시기는 아이가 '자신'을 만드는 시기라서 주변에 맞추거나 하고 싶은 일을 꾹 참고 모두와 똑같은 것을 하는 것이 무척이나 어렵다.

아직 신체적으로도 발달해 가는 중이고, 에너지에도 한계가 있다. 가장 안심이 되는 집에서 느긋하게 쉬는 시간이 아이에게는 반드시 필요하다.

예를 들어, 집에서 아이와 함께 청소를 하거나 요리를 하는 등 부모와 집안일을 함께하는 경험은 아이의 자립을 도울 뿐 아니라, 사랑하는 엄마 아빠와 함께함으로써 정서적인 측면까지 충족시킬 수 있다.

그런 시간을 확보하는 것이 중요하다. 아이가 어떤 것에 흥미를 느끼기 시작했다면 곧바로 학원에 보내 배우게 하기보다는, 우선 관련 이벤트 같은 것에 아이와 함께 참가하여 경험해 보는 기회를 가져 본다.

아이가 하고 싶은 것을 중요시한다

3세 이후가 되면 1장에서도 이야기한 바와 같이 '의식적으로' 어떤 일을 하려고 한다.

그러면 '나도 수영하고 싶어', '영어로 말하면 좋겠어', '춤추고 싶어', '피아노를 칠 수 있으면 좋겠어'라며 아이가 어떤 일에 흥미를 갖게 된다.

그때는 아이와 함께 학원에 견학을 가 보고 아이가 정말 무엇을 하고 싶은지를 생각할 수 있는 계기를 만들어 준다.

그럼으로써 아이 자신도 흥미로운 것에 대한 이해가 더욱 깊어지고 직접 체험해 봄으로써 만족감과 자신감을 가지게 된다.

어디까지나 '부모가 가르치고 싶은' 것이 아니라 '아이가 하고 싶은 것(흥미를 느끼는 것)'을 중요시하여 그것이 이루어지도록 도와준다.

5장

아이의 '성장을 돕는' 육아를

육아에 필요한 3가지 관계와 여유

♥ 육아에 필요한 것

1장에서도 말한 바와 같이 0~6세의 유아기는 앞으로의 긴 인생을 자신의 두 다리로 걸을 수 있게 '자신=개인'을 키워 가는 시기이다.

그 성장은 부모가 대신해 줄 수 없고, 어디까지나 아이가 자신의 힘으로 만들어 가는 수밖에 없다.

그리고 그 성장에 필요한 것이 '공간', '사람', '시간'이라는 3가지 관계와 '여백'이다. 한 가지씩 자세히 살펴보자.

❶ 공간

공간이란 '환경'을 말한다. 적절한 환경이 갖추어져 있으면 아이는 스스로 환경에 접촉하여 자신을 발달시켜 갈 수 있다.

극단적인 예이지만, 예컨대 아기가 매일 24시간을 1제곱미터의 아무것도 없는 빈방에서만 지낸다면, 그 아기는 접촉하는 것도 전혀 없고 움직일 공간도 충분하지 않아 본래 발달해야 하는 능력도 충분히 발달시킬 수 없다.

아이의 발달에 있어 그만큼 '환경'의 영향이 큰 것이다.

❷ 사람

두 번째 관계는 사람이다.

아무리 훌륭하고 적절한 공간(환경)이 있어도 그곳에 사람(부모)이 없다면 적절한 발달을 이루어 내기 어렵다.

아직 모르는 게 많은 이 세상에서 자신을 지켜 주고 보호해 주는 누군가가 있다. 혼자 살아갈 수 없는 시기에 보살핌을 받는다. 자신을 믿고 애정을 쏟고 포근하게 안아 준다. 뭔가 불쾌한 일이 있어 울고 있을 때 곁에 와서 안심시켜 준다. 그리고 본보기가 되어 사람으로서 살아가는 데 필요한 것을 매일매일 일상생활 속에서 행동으로 보여 준다. 이 세상의 규칙이나 질서를 언제나 일관된 태도로 알려 준다.

부모는 이 세상을 앞서 살아가는 선배로, 온 힘을 다하여 자신을 지켜 주고 사랑하고 믿어 주고 지지해 준다. 그런 존재가 있기에 아이는 적절한 환경 속에서 자신의 힘을 발휘할 수 있다.

말하자면, 사람도 환경의 일부이다. 사물이 물적 환경이라면 사람은 인적 환경이다.

<u>그곳에 있는 사람이 어떤 행동을 하는지, 어떤 태도를 가지는지, 어떤 눈빛으로 아이를 보는지, 그것이 앞으로 아이의 발달에 커다란 영향을 미치는 것</u>이다.

❸ 시간

세 번째 관계는 '시간'이다.

아이가 무언가를 스스로 이루어 내기 위해서는 시간이 반드시 필요하다.

양말을 스스로 신을 수 있다, 컵에 물을 따를 수 있다 등등, 어떤 일이든지 이미 자립한 부모라면 순식간에 해치울 수 있는 일들이다.

그런데 '지금' 그것을 해내려는 아이에게는 부모보다 몇 배, 몇십 배의 시간이 걸린다.

그런 아이의 모습을 보면 부모는 무심코 도움의 손길을 내밀거나 참견하고 싶어진다. 하지만 아이가 자신의 힘으로 하는 '시간'

을 보장해 주는 것이 유아기에는 그 무엇보다 중요하다.

'빨리 해', '네가 하면 시간이 걸리니까'라며 재촉하거나 앞질러 해 주지 말고, 부모가 느긋하게 아이를 '기다려 주는' 그 시간이 아이에게는 필요하다.

유아기에 자기 주변의 작은 일들을 자기 힘으로 해내려는 0~3세의 3년간은 특히 부모가 기다려 주는 이 '시간'이 꼭 필요하다.

부모 중에는 핵가족에 맞벌이로 바쁘다 보니 좀처럼 아이를 기다려 줄 수 없을 수도 있다. 그렇다면 어떻게 하면 좋을까? 이런 의문을 가지는 사람도 있을 것이다.

물론 모든 장면에서 기다려 주기는 어려울지 모른다.

그러나 시간적으로 여유가 있는 휴일에는 의식적으로 아이가 하는 일을 지켜보며 기다려 준다.

❹ **여백**

아이의 성장에는 '공간', '사람', '시간'이라는 3가지 관계에 더하여 '여백'도 필요하다.

여백이란 부모의 '마음의 여백', '정신적인 여유'를 뜻한다.

육아에 대한 고민에는 아이 자체도 있지만, 육아와 관련한 주변의 문제도 얽혀 있다. 구체적으로는 배우자가 비협조적이거나 혼자만의 시간을 가지지 못해 항상 스트레스를 느끼거나 만성적인 수면 부족에 지쳐 있거나 시부모와의 관계에 어려움을 느끼거나 바쁜 업무 등이 있다.

예컨대 부모에게 해소되지 못한 여러 가지 고민들이 쌓여 있을 때, 때마침 아이가 '싫어, 싫어' 하고 떼를 쓰기 시작한다고 가정해 보자.

머리로는 '받아 줘야지' 하고 생각하지만 마음에 여유가 없으면 생각과 달리 '네 마음대로 해!'라며 감정적으로 화를 내게 될지도 모른다.

그렇게 **화낸 뒤에는 '마음의 여유가 있었더라면 아이의 마음을 받아 주었을 텐데' 하며 자기혐오에 빠진다.**

아이를 둔 부모의 고민을 듣고 있노라면 이 같은 고민을 하는 사람이 참으로 많다.

▼ 마음에 '여백'을 만드는 방법을 터득한다

육아는 부모의 생각대로 되지 않는 일들의 연속이다.

그 속에서 마음에 '여유'를 만들기 위해서는 스스로 자신의 마음을 치유하는 방법을 찾아야 한다.

우선 무엇을 하면 자신의 마음이 차분히 안정되는지를 일상 속에서 찾아보자.

예를 들어, 생각을 적고 프린트한다, 책을 읽는다, 다른 사람과 이야기를 나눈다, 명상을 한다, 운동한다, 바느질한다, 요가를 한다, 좋아하는 허브차를 마신다, 맛있는 음식을 먹는다, 따뜻한 물에 몸을 담근다 등등.

그렇게 **각자 나름대로 마음이 차분해지는 방법을 찾아 '지금 나**

는 여유가 없구나' 하고 느낄 때면 그 방법으로 자기 자신을 치유한다.

물론 아이 일 외에도 마음이 쓰이는 문제(배우자의 비협조적인 태도나 만성적인 수면 부족 등등)가 있다면 그 문제를 해결하기 위해 행동하는 것도 필요하다.

이처럼 스스로 기분을 부드럽게 풀어 주는 방법을 찾아 실천하면 조금씩 마음에 '여백'이 생긴다.

▼ 힘들어지면 마음의 충전을

아이라는 하나의 존귀한 생명이 잘 자랄 수 있게 돕기 위해서는 엄청난 에너지가 필요하다.

우리 부모가 마음을 가득 충전하여 '여백'을 만든다면 긍정적으로 아이의 성장을 지원할 수 있다.

그러나 자신이 채워져 있지 않은 상태에서 아이를 대하다 보면 때로 힘들어지기도 한다. 아이가 어릴수록 좀처럼 혼자만의 시간을 갖기 어려울 수도 있다.

그럴 때일수록 자신의 마음을 충전하자. 의지할 수 있는 사람, 사물, 서비스에 의지하여 자신의 몸과 마음을 치유하는 시간을 꼭 만들자.

　육아 때문이 아니더라도, 자신의 인생을 풍요롭게 만들기 위해서라도 먼저 자신을 소중히 여기자. 그러면 그것은 반드시 육아를 즐겁게 만들어 준다.

 핵심포인트

- 아이가 '자신=개인'을 만들어 가기 위해서는 '공간', '사람', '시간'의 3가지 관계와 '여백'이 필요하다.
- 아이의 성장을 지원할 수 있도록 부모는 자신을 소중히 여기고 마음을 충전한다.

아이도 부모도 모두 같지 않아도 좋다

▼ 무심코 자신의 아이를 다른 아이와 비교한다?

우리 아이는 나쁘지 않은데 무심코 다른 아이와 비교하고는 조급한 마음에 아이를 몰아붙이게 되어, '좀 더 해라', '똑바로 해라' 하고 화를 내기도 한다.

'이왕 비교할 거라면 다른 집 아이가 아닌 아이의 과거 모습과 비교하자'고 조언해도 어느 사이엔가 다른 집 아이와 비교하고 있다. 어떻게 하면 다른 아이와 비교하지 않을까?

이런 경험이 있는 엄마 아빠는 적지 않을 것이다.

이런 경우에는 **비교하는 것을 억지로 그만두지 않는 것**이 포인트다.

부모는 사물을 상대적으로 판단할 수 있다. 전체를 보고 자신의 아이가 어떤 느낌인지, 주위와 비교해 어떠한지, 비교하기 싫어도 머릿속에서 저절로 판단이 이루어진다. 그 결과 예컨대 다른 아이보다 뒤떨어지면 열등감 같은 것을 느낄 수 있다.

그럴 때는 **머릿속에서 비교하기를 멈추는 데 초점을 맞추는 것이 아니라, 자신이 느낀 감정을 행동에 반영시키지 않는 것에 초점을 맞추는 것이 중요**하다.

머릿속에서 비교하는 것은 허락하자. 어쩔 수 없는 일이다.

그러나 비교한 결과로서 갖게 된 감정(초조나 불안)을 행동으로 바꾸어 아이에게 화내거나 무언가를 강요하는 것에는 신중하지 않으면 안 된다.

부모는 아이의 서툰 모습에 조급함이나 불안을 느끼면 그 감정을 서둘러 해소하려는 충동에서 감정의 원인인 아이를 바꾸려고 한다.

그러나 1장에서 이야기했던 바와 같이 아이에게는 '스스로 성장하는 힘'이 있고 각자 나름의 성장 속도가 있다. 한 사람, 한 사람

잘하는 것, 못하는 것, 자신다움, 기호가 제각기 다르다.

'자신다움이나 각자의 성장 속도가 보장되는' 것이 아이에게는 행복이다.

▼ 모두 제각기 다른 게 당연

다시 한번 말하지만, 중요한 것은 '지금 이 아이는 무엇을 원하고 있는가'이다.

부모는 때로 자신의 아이를 다른 아이와 비교하여 부족한 점을 키워 주는 데에 몰두하다가 '지금' 아이가 원하는 게 무엇인지를 놓치기도 한다.

부모가 해 주려는 일은, 어쩌면 '지금' 그 아이에게 아직은 필요하지 않은 것일지 모른다. 혹은 그 아이는 '지금' 다른 일에 정신이 팔려 있을지 모른다.

부모가 아이의 모습을 보지 못한 채 초조함에 아이를 바꾸려고 하면, '너는 너로 괜찮아'라는 무조건적인 아이에 대한 믿음이 '이걸 잘하면 너를 믿어 줄게'라는 조건부 믿음으로 변해 버린다.

본래 아이의 성장 속도는 제각기 다른 게 당연하다. 동요 시인

가네코 미스즈 씨의 말을 빌리자면 '모두 달라서 모두 좋다'.

몬테소리 교육에서는 '모두 다르다'는 것이 기본적인 생각이다. 학년으로 구분하지 않고 종적 보육이 이루어지기 때문에 나이가 다른 아이들이 같은 환경에서 각자 자신이 흥미를 느끼는 활동을 한다.

한편 일본의 일반적 보육이나 교육 방식에서는 학년으로 구분하여 모두가 똑같은 것을 똑같이 한다. 그 때문에 '모두 함께', '평균'이라는 것이 강조되고 상대적으로 봤을 때 두드러지는 부분이 눈에 띄기 때문에 부모로서는 '이미 ○세이니 이건 할 수 있어야 한다'며 조급해한다.

그러나 정말로 중요한 것은 부모가 준비한 틀에 딱 맞추는 것

5장 … 아이의 '성장을 돕는' 육아를

이 아니다. 그 아이의 발달 속도나 그 아이다움이 보장되어 '너는 너로 좋다'라는 무조건적인 사랑을 받고 믿음을 얻어서 자신이 하고 싶은 일에 에너지를 쏟고 '자기=개인'을 확실하게 만들어 가는 것이 아이의 성장에는 중요하다.

자립·자율에 이르는 과정은 개인 경주이다. '모두 함께'라는 사고방식으로 모두와 손을 맞잡고 함께 걸어갈 수는 없다.

사실은 모두 달라서 좋은 것인데, 어디에선가 '우리 모두는 같아야만 한다', '무리에서 벗어나서는 안 된다'라고 부모가 불안을 느껴 버리면 무의식중에 아이를 몰아붙이게 된다.

각 가정에서는 '너는 너라서 좋고, 모두와 달라서 좋다'는 마음으로 아이를 대하자. 가장 가까이에 있는 엄마 아빠가 그런 생각으로 아이를 지켜봄으로써 아이는 안심하고 자신의 길을 걸어갈 수 있는 것이다.

♥ 부모도 '모두 달라' 좋다

'모두와 같지 않아서 좋다'는 것은 아이에게만 해당하는 말이 아니다. 우리 부모에게도 마찬가지이다.

'완벽한 부모가 되어야 한다', '모두 하니까 우리 아이도…'라고 주위와의 조화만을 중요하게 여겨 자신이 어떻게 하면 좋을지 모르게 되거나 무리하여 주위에 맞추려고 하다가는 피로감을 느끼고 금세 지쳐 버리게 된다.

그러나 어머니도 제각기 달라서 좋다. 아버지도 제각기 달라서 좋다.

우선은 '나는 나로 좋다'라며 부모가 자신을 긍정함으로써, 자연스럽게 아이도 '너는 너로 좋다'라고 긍정할 수 있게 된다.

한 사람, 한 사람은 각기 다른 장점이 있다. 그것이 '그 사람다움'을 창조한다. 그 '~다움'을 가지고 부끄러움 없이 그 모습으로 살아가도 좋다.

 핵심포인트

- 비교하는 것을 멈추는 게 아니라 마음속 불안이나 초조감을 아이에게 직접 부딪치지 않도록 의식한다.
- 부모도 아이도 '모두 달라서 모두 좋다'.

아이와 함께 '지금'을 살아야

▼ 깨달을 때가 시작할 때

여기까지 읽고는 '아이가 이미 6세가 되었는데, 지금에 와서 양육 태도를 바꾸는 건 이미 늦은 게 아닐까?' 하고 불안해하는 사람도 있을지 모른다.

하지만 괜찮다. 결코 '늦지' 않았다.

알아차렸을 때야말로 시작할 때다! 오늘이 우리 아이가 가장 어린 날이기 때문이다.

'지금까지 아이를 감정적으로 꾸짖었다', '무심코 마음이 앞서서 아이 대신에 등교 준비를 해 주었다', '못하는 부분이 자꾸 눈에 띄어 시시콜콜 지적만 했다'…

'하지만 아이에게 좋지 않은 일이란 걸 알았다. 그래서 지금부터라도 달라지고 싶다!'

그렇게 생각했을 때가 바로 변화할 기회이다.

무언가를 바꾸기 위해서는 본인이 '바뀌고 싶다'라고 원하지 않는 이상 아무것도 달라지지 않는다.

'아이에 대한 양육 태도에 주의하자'고 결심하기에는 지금이 가장 이른 때이다.

의식해야 할 점을 종이에 적거나 배우자에게 어떤 변화를 추구할 것인지 선언한 뒤에 실행에 옮기는 것이다.

모든 것을 한 번에 바꾸려고 하면 오래도록 이어 가기 어려우니, 우선 아이가 스스로 할 수 있게 '참견하거나 잔소리하는 것을 그만두자', '부정적인 말은 사용하지 말자' 등등 의식해야 할 것을 하나씩 정해서 실행한다. 아침에 결의를 다지고 하루 종일 의식하는 날을 가져 보는 것도 좋다.

또한 평소에 얼마나 아이의 일에 앞서 참견하고 일일이 잔소리하는지 세어 보고 객관적으로 자신을 살펴본다.

아마 예상했던 것 이상으로 성급하게 아이에게 참견하고 잔소리를 하는 자신을 발견하고는 깜짝 놀랄 것이다.

여기서는 '나는 이렇게 말하는구나' 하고 자신의 모습을 깨닫는 것이 중요하다.

꼭 '이러고 싶다', '이렇게 바꾸고 싶다'고 느낀 점이 있다면 의식하여 실행에 옮겨 보자.

활기차게 사는 부모가 아이에겐 미래의 희망

아이는 언젠가 부모 곁을 떠나 홀로서기를 해야 하는 날이 온다.

아이에게는 부모가 곁에 있을 때만이 행복한 것이 아니라, 그 이후의 인생도 스스로 행복하게 살아가기를 원한다.

그러기 위해서 지금까지 이야기했던 것처럼, 아이를 바라보는 눈빛이나 존중하고 믿는 양육 태도를 가져 보자.

하지만 여기에 그치는 것이 아니라, 아이와 가장 가까이에 있는 부모가 자신의 인생을 즐기고 하루하루를 활기차게 보내는 것도 중요하다.

부모가 그날의 생활을 주체적으로 꾸려 나가고, 여러 가지 일들을 즐긴다. 때로는 우울하고 일이 잘 풀리지 않아 짜증날 때도 있지만, 그럼에도 그것을 극복하고 활기차게 살아간다.

그런 생동감 넘치는 부모의 모습을 보고 아이는 '이 세상은 참 좋은 곳이야', '빨리 어른이 돼서 즐기자' 하며 삶의 희망이나 즐거움을 느낀다.

직장에 다니느라 아이를 어릴 때부터 어린이집이나 유치원에 보내는 부모도 있을 텐데, 그것에 죄의식을 가질 필요는 전혀 없다.

"엄마는 이런 일을 하고 있단다"라고 일의 내용을 소개하거나 "아빠가 오늘 이런 즐거운 일이 있었어" 하고 이야기를 들려주어 꼭 활기차게 일하는 모습, 매일의 생활을 즐기는 모습을 아이에게 보여 주자.

아이는 그런 부모의 모습에서 이 세상에 대한 희망을 느끼게 될 것이다.

어떻게든 자신의 감정을 억누르고 자신을 희생하지 않는다.

여러분은 여러분 자신으로 좋으니까.

아이를 대할 때는 마음을 '지금'에 맞춘다

지금까지 이야기했듯이 유아기의 아이는 '지금'을 살고 있다.

조금씩 과거나 미래에 대하여 알게 되지만, 기본적으로는 몸이 있는 '지금 여기'에 마음도 있다.

그런 아이에 비하여 우리 부모는 언제나 마음속으로 과거의 일이나 '이따가 집에 가면 그거 해라, 이거 해라' 하며 미래의 일을 생각하고 있어서, 몸이 있는 '지금'에 마음을 가져오지 못한다.

아이와 놀이를 하고 있을 때에도 마음은 어딘가 다른 곳에 가 있

다. 그런 일이 여러분에게도 있지 않을까.

그럴 때는 꼭 마음을 '지금'에 맞추고 아이와 함께 '지금'을 살아보자.

아이가 '봐요! 이런 돌멩이가 있어요', '여기에 꽃이 피었어요!' 하고 자기가 발견한 사실을 알렸을 때 '그렇구나'라고 단순히 반응하는 데 그치는 게 아니라 '진짜네!' 하면서 아이가 발견한 것을 함께 본다. <u>아주 짧은 몇 초, 몇 분의 일이지만 그렇게 아이가 보고 있는 '지금'을 부모가 공유함으로써 새로이 발견하고 느끼는 것이 있을지도 모른다.</u>

그리고 담담히 살아가는 나날 속에서 그런 시간을 몇 분이라도 만듦으로써 부모의 마음도 채워진다.

- '깨달았을 때가 시작할 때.'
- 부모가 '인생'을 즐기는 모습이 아이에게 미래의 희망이 된다.
- 아이와 함께 부모도 '지금'에 마음과 몸을 맞춘다.

믿는 만큼 달라지는 아이

▼ 믿어 주면 힘이 샘솟는다

여러분은 바로 눈앞에 있는 아이를 믿고 있을까?

"물론 믿어요"라고 말하는 부모가 있는가 하면, "아니요. 믿지 않아요. 부모가 하는 말을 듣지 않으니까요"라고 말하는 사람도 있을 것이다.

1장에서도 이야기한 것처럼, 아이는 가장 가까이에 있는 어른이 "너는 너로 좋다"며 무조건적으로 받아들여 주고 '너라면 괜찮아', '너라면 할 수 있어' 하는 믿음의 양육 태도로 대하면 커다란 자신감과 힘이 솟는다.

우리 어른도 무언가 새로운 일이나 어떤 역할이 맡겨졌다고 생각하며, 아이를 온 힘을 다하여 믿어 주자.

'인정'하는 것으로 아이는 변할 수 있다. "○○ 씨라면 문제없어! 분명 좋은 결과가 나올 거라고 생각해!"라는 식의 절대적인 신뢰를 받으면 충만해질 뿐 아니라 '왠지 잘될 것 같다'는 자신감이 샘솟지 않을까?

반대로 "○○ 씨가 한다면 실패할까 봐 걱정이야. 정말로 괜찮을까?" 하는 우려의 말을 들으면 스스로 자신은 문제없다고 생각하면서도 '그렇게 걱정인가'라며 이제껏 느껴 보지 못한 불안이 밀려온다. 아이도 다르지 않다.

▼ '너라면 괜찮아' 하고 아이를 무조건 믿는다

예를 들면, 부모가 그리는 아이의 모습과 지금 눈앞에 있는 아이의 모습에 차이가 있거나 아이의 성장이 부모의 기대에 미치지 못하면 아이에 대한 믿음보다 불만이나 초조, 걱정이 강해지기도 한다.

그러면 언제 어디서든 아이를 걱정하게 되고 '아이를 북돋아 줘

야지!', '엉덩이를 토닥이며 시켜야지!' 하는 생각이 커진다.

어느새 아이에 대한 믿음은 어디론가 날아가고 무의식중에 '항상 제대로 못한다니까', '괜찮을까? 진짜 걱정이네' 하는 말을 아이에게 해 버리게 된다.

그런 말을 반복적으로 듣는 가운데 자신감을 잃는 아이도 적지 않다.

잠시 멈추어 생각해 보면 당연한 일이다. **아이를 불안하게 하는 말을 하고 감정을 드러내는 것보다 '너를 믿어', '너라면 괜찮아' 하**

는 무조건적인 믿음이 아이에게 힘을 준다.

"너는 너로 좋아" 하며 아이를 인정하고 무조건 믿어 주자.

▼ 작은 행동이라도 '하려고 했다'는 사실을 인정한다

아이가 하지 못하는 것에 자꾸 시선을 빼앗기면 '저것도 못한다', '이것도 충분하지 않다'고 느끼고는 좀 더 '주의를 줘야 한다'는 생각에 조바심이 생긴다.

그러나 아이가 조금이라도 하려고 한 작은 행동이 있다면, 비록 그것이 칭찬하기에 조금 부족해 보이는 행동일지라도 반드시 인정해 주자.

예를 들어 장난감을 정리할 때 "이것은 선반에 놓아 줄래?" 하고 부탁한다. 부모의 감각으로는 아이가 원래 자리로 가져다 놓는 게 더디게 느껴질지 모른다.

그래도 그 행동에 "제자리에 가져다 놔서 고마워" 하고 인정하는 양육 태도가 '엄마는 나를 보고 있다', '아빠는 나를 인정한다'라는 자존감이나 자신감으로 이어진다.

<u>아이가 '잘하지 못하는' 부분으로만 눈길을 돌려 점수를 깎는 방식으로 아이를 평가하지 말고, 아이가 '잘하는' 부분에 시선을 두고 반드시 점수를 주는 방식으로 아이를 인정해 준다.</u>

그런 부모의 시선은 아이가 어떤 일에 도전할 때 힘이 되고 긍정적인 생각을 하도록 영향을 미친다.

눈앞에 있는 우리 아이를 무조건 믿는다. 그 믿음이 아이에게 힘이 되어 자립으로의 길을 나아가게 한다.

오늘부터 당신도 '믿음 육아'를 시작해 보자.

- 무조건 인정해 주는 '너라면 괜찮아' 하는 믿음의 양육 태도에서 아이는 큰 자신감과 힘을 얻는다.
- 아이의 '잘하지 못하는' 것이 아니라 '잘하는' 것에 시선을 돌린다.

부모의 양육 태도의 포인트

한순간에 아이의 모습이 변하지 않을지 모르지만 믿고 지켜보는 가운데 점차 변해 갈 것이다.

▼ 아이를 존중하는 양육 태도
아이를 대할 때는 대등하게 보고 어엿한 한 사람으로 존중해야 한다.
'고작 어린애'라며 무시하는 게 아니라 존중하는 태도가 무엇보다 중요하다.

▼ 아이의 마음을 받아 주고 공감한다
어떤 상황에서든(위험하거나 아이 자신이나 타인, 물건에 위해를 가할 때는 제외) 먼저 아이의 마음을 받아 주고 공감해 준다.

▼ 꾸짖는다, 화낸다, 주의를 준다 → 구체적으로 알려 준다
아이가 해서는 안 되는 일이나 나쁜 일을 하면 감정적이 되어 화를 내거나 꾸짖거나 위압적으로 주의를 주는 것이 아니라, '어떻게 하면 좋을지', '앞으로 어떻게 하면 될지'를 구체적인 행동이나 말로 그때그때 알려 준다.

▼ 부모가 본보기가 되어 행동으로 보인다
아이는 매일 '흡수하는 힘'으로 여러 가지를 흡수하고 있어서 아이가 익히기 바라는 것을 부모가 일상생활 속에서 당연한 행동으로써 보여 주는 것이 중요하다.

▼ 일관된 제한을 둔다
아이에게 '뭐든 해도 된다', '무슨 일이든지 좋을 대로 하라'는 무제한의 자유를 주는 게 아니라 '여기까지는 해도 좋지만, 여기부터는 안 된다'는 일관된 제한을 제시하는 것도 중요하다.

▼ 칭찬한다 → 인정한다
아이가 바람직한 행동을 했을 때에는 상을 주거나 칭찬하거나 추켜세우는 게 아니라 단순하게 아이의 행동을 인정한다.

나가는 글

아이에게 '오늘도 고마워.'

아이를 키우다 보면 자신도 모르는 사이에 부모로서 욕심이나 바람이 생겨 아이가 잘하지 못하는 서툴고 부족한 점에 자꾸 눈길이 갈 때가 있습니다.

'좀 더 여러 가지 것에 도전하면 좋겠다.'
'조금 말을 잘 들었으면 좋겠다.'
'조금만 집중해서 하면 좋을 텐데.'

그러나 그런 바람이나 희망을 가지는 것도 지금 여기에 아이가 있기 때문이지요.

너무도 당연한 일이라서 대개는 감사하는 마음을 가질 생각조차 하지 못합니다. 하지만 '우리 아이가 오늘도 건강하게 웃는다'는 것 그 자체만으로도 대단히 소중하고 무엇과도 바꿀 수 없는 사실입니다.

하루하루의 일상이 당연한 듯이 흘러가는 가운데 쉽게 잊어버리는 감정이기에 하루를 마무리할 때에는 "오늘도 고마워" 하고 아이에게 말해 주세요.

자신이 여기에 존재하고 있다는 사실에 누군가 무조건 감사하고 기뻐해 준 경험은 아이에게 존재의 의의를 느끼게 하고 이 세상에 대한 희망, 다른 사람에 대한 믿음으로 이어집니다.

하나의 생명이 성장하는 걸 돕는 '육아'는 정말 값진 작업이 아닐 수 없습니다.

아이가 태어나 성장하여 어른이 되어 가기에 세대는 이어집니다. '미래'였던 것이 '현재'가 되는 날이 찾아오는 것이지요. 그런 '미래의 희망'인 아이의 성장을 돕는 것은 결코 쉬운 일이 아닐 겁니다.

아이가 존재하고, 그 아이의 성장을 돕는 부모가 있습니다. 각자 자신의 역할을 열심히 하기에 이 사회와 세계는 지속될 수 있지요.

때로 힘든 일, 생각대로 되지 않는 일, 짜증 나는 일, 억울한 일, 화나는 일도 있을 것입니다.

그래도 분명히 그만큼, 아니 그 이상으로, 무엇과도 바꿀 수 없는 보물을 얻게 되는 것도 '육아'일 겁니다.

육아는 당연히 해야 하는 일이며 잘하는 게 당연하다고 생각하는 경향도 있어, 좀처럼 인정받지 못하기도 합니다.

따라서 여러분이 먼저 스스로를 칭찬해 주세요. 우리 부모도 하루하루 온 힘을 다하여 노력하는 자신을 충분히 인정하고 '오늘도 열심히 살았다!'며 칭찬합시다.

날마다 육아에 힘을 쏟는 여러분, 정말 수고가 많습니다.

이 책을 읽어 주신 여러분의 아이와 함께하는 시간이 더욱 충실한 것이 되고, 여러분의 얼굴에 미소로 이어지기를, 그리고 그 앞에 있는 많은 아이들의 행복으로 이어지기를 진심으로 바랍니다.

저도 여러분과 같은 부모로서 앞으로도 아이의 성장을 도울 수 있도록 일상의 당연한 일들에 감사하며 나름의 속도로 저답게 해내고 싶습니다. 앞으로도 '믿음 육아'를 함께 즐겨 봅시다!

몬테소리 교사 아키에